# Sozialwissenschaftliche Forschungen

Herausgegeben von der

## Sozialwissenschaftlichen Arbeitsgemeinschaft

Abteilung III — Heft 4

Berlin und Leipzig

Walter de Gruyter & Co.

vormals G. J. Göschen'sche Verlagshandlung — J. Guttentag, Verlagsbuchhandlung
Georg Reimer — Karl J. Trübner — Veit & Comp.

1923

# Die Reorganisation der englischen Eisenindustrie

Von

Dr. Heinrich Niebuhr

Berlin und Leipzig
Walter de Gruyter & Co.
vormals G. J. Göschen'sche Verlagshandlung — J. Guttentag, Verlagsbuchhandlung
Georg Reimer — Karl J. Trübner — Veit & Comp.
1923

Angenommen auf Antrag von Professor Dr. Sering
durch den Abteilungsvorsteher Professor Dr. Herkner

Druck von Walter de Gruyter & Co., Berlin W. 10.

Meinen Eltern

# Vorwort.

Für die bereitwillige Unterstützung, die mir bei der Sammlung des heute so schwer zugänglichen Materials von vielen Seiten zuteil geworden ist, sage ich meinen verbindlichsten Dank. Er gilt vor allem dem Verein der Deutschen Eisenhüttenleute, Düsseldorf, und der Leitung des Archivs der Deutschen Bank, Berlin.

Eine ganz besondere Pflicht der Dankbarkeit habe ich gegenüber meinen hochverehrten Lehrern an der Friedrich-Wilhelms-Universität zu Berlin zu erfüllen. Herr Geheimer Regierungsrat Professor Dr. Schumacher gab mir die Anregung zur Bearbeitung des Themas und stand mir in allen Schwierigkeiten mit Rat und Tat zur Seite. Durch Herrn Geheimen Regierungsrat Professor Dr. Sering wurde ich vor allen Dingen auf die Bedeutung der im II. Abschnitt dargestellten englischen Kriegswirtschaft für die Reorganisation der Eisenindustrie hingewiesen.

In sachlicher Beziehung habe ich zu bemerken, daß die Arbeit im Juni 1922 zum Abschluß gebracht wurde.

Berlin, im Juni 1923.

H. Niebuhr.

# Inhaltsangabe.

## I. Teil.

## Die Notwendigkeit der Reorganisation.

## II. Abschnitt.

## Die Konzentrationsbewegung in der englischen Eisenindustrie in und nach dem Kriege.

I. Teil.

# Die Notwendigkeit der Reorganisation.

## A. Das Organisationsstreben in der Eisenindustrie und die Unterschiede in der Organisation der deutschen, amerikanischen und englischen Eisenindustrie.

### 1. Das Organisationsstreben in der Eisenindustrie im allgemeinen.

„The greatest and most modern force in wealth production is organisation"![1]) Mag man auch diesen Ausspruch eines Engländers für etwas einseitig halten und ihn aus den besonderen Verhältnissen der industriellen Organisation erklären, wie sie vor Kriegsausbruch in England vorhanden waren, so ist doch das eine sicher, daß noch niemals seit Bestehen des modernen Großbetriebes das Streben nach Organisation der gewerblichen Produktion eine so große Rolle gespielt hat wie in den letzten Jahrzehnten vor dem Kriege. Lange Zeit herrschte das Gegenteil. Den Vorteil des einzelnen Betriebes wie des Gewerbezweiges und der gesamten Volkswirtschaft erblickte man in einer möglichst uneingeschränkten Betätigung des Prinzips der freien Konkurrenz. Es ist ein Wandel eingetreten, für den im wesentlichen nur ein Grund anzuführen ist: „Die Möglichkeit, ein massenhaftes Bedürfnis zu befriedigen" hat in den allermeisten Gewerbezweigen zu einer stetigen Zunahme des in der Produktion angelegten Kapitals geführt. Die Folge war ein Streben nach Kontinuität der Produktion, ein Streben, das angewandte Kapital voll auszunützen und es nach Möglichkeit vor den Schädigungen der Konjunktur und des freien Marktes zu bewahren. Gerade in der Eisenindustrie ist das Kontinuitätsstreben zur Wirkung gelangt. Einerseits ist hier eine besondere Größe des angelegten Kapitals vorhanden, andererseits sind die Momente, welche das Kontinuitätsstreben gefährden, zahlreich zu finden, und es bietet sich ihnen eine große Angriffsfläche. Die Produkte sind „universal needs", die, wenn sie auch nicht denselben Schwankungen unterworfen sind wie etwa die Gegenstände des täglichen Verzehres und Gebrauches, doch infolge der engen Verbindung

---

[1]) British industry and the war. I. T. Peddie. S. 22.

mit dem Auf und Ab unseres Wirtschaftslebens in ihrer Preisentwicklung ein unruhiges Bild zeigen, das sich auf die lange Reihe der Vorprodukte überträgt, und zwar, wie die Erfahrung zeigt, in ungleichem Maße. Ferner baut sich die Eisenindustrie auf zwei Rohstoffen auf, der Kohle und dem Eisen, die beide, besonders aber die Kohle, ein neues Moment der Unsicherheit in die Produktion hineintragen.

Zu diesen wirtschaftlichen Momenten gesellt sich ein technisches, das dem Organisationsstreben in der Eisenindustrie ein eigenartiges Gepräge gibt und die „Eisenindustrie in dieser Beziehung über die ganze gewerbliche Produktion emporhebt“ [1]). Durch die Ausnützung der Gichtgase und das Arbeiten in einer Hitze wurden die vorher auseinanderfallenden Stufen des Produktionsprozesses wieder zusammengezwungen, wie es vor langen Zeiten der Fall gewesen war. Es entstand der gemischte Betrieb, der, hervorgegangen aus dem Verwertungsstreben des Kapitals, nun seinerseits zurückwirkt und die Kontinuität des Betriebes zur Unerläßlichkeit macht.

So ragt das Organisationsstreben in der Eisenindustrie vom Rohstoffbezug über das Gebiet der engeren Produktion hinaus bis in die Sphäre des Absatzes. In der Konzentrationsbewegung gewinnt es Gestalt und sucht Betriebe und Unternehmungen miteinander zu verketten. Je nach der Stärke und den Hindernissen, die es zu überwinden hat, äußert es sich verschieden. Dadurch erklären sich die graduellen und qualitativen Unterschiede, welche sich ergeben, wenn man die Eisenindustrien verschiedener Länder oder Bezirke miteinander vergleicht.

## 2. Vergleich der Organisation in der deutschen, amerikanischen und englischen Eisenindustrie.

Bei einer Gegenüberstellung der deutschen, amerikanischen und englischen Eisenindustrie vor dem Kriege ist eine doppelte Scheidung zu machen, zwischen der deutschen und amerikanischen einerseits und der englischen und diesen beiden andererseits. Im ersten Falle zeigt es sich, daß in Deutschland sowohl wie in den Vereinigten Staaten das Organisationsstreben gleiche Stärke aufzuweisen hatte, daß graduelle Unterschiede kaum vorhanden waren. Sie bestanden dagegen in qualitativer Hinsicht, da in beiden Ländern Inhalt und Form der Konzentrationsbewegung voneinander abwichen. Die Aufgabe der gemischten Werke und der Verbände in der deutschen Eisenindustrie suchte der Trust in einer einheitlichen Unternehmung zu verknüpfen. Wäre dieses Werk gelungen, so müßte die nordamerikanische Eisenindustrie nicht nur, wie es seit Jahren der Fall ist, in der Menge der jährlichen Erzeugung

---

[1]) Schumacher, Weltwirtschaftliche Studien S. 174.

voranstehen, sondern sie könnte auch in bezug auf ihre Organisation den ersten Platz beanspruchen. So, wie die Dinge lagen, hatte zwar der Trust die Konzentrationsbewegung mächtig gefördert, aber neben ihm stand eine Reihe unabhängiger, auch reiner Werke, mit denen er nicht in ein solches Einvernehmen zu kommen vermochte, wie es in der deutschen Eisenindustrie bestand, sowohl in den einzelnen Zweigen, als auch in der Gesamtheit unter den großen gemischten Werken. Was die organisatorischen Leistungen anlangt, so mußte die nordamerikanische Eisenindustrie hinter der deutschen zurückstehen.

Zieht man nun die englische Eisenindustrie zum Vergleich mit heran, so weist sie, um mit Wiesers [1]) Worten zu reden, noch die stärkste Zersplitterung auf. Das ist eine auffällige Erscheinung. Man ist im ersten Augenblick geneigt, das Gegenteil anzunehmen, denn die moderne Großeisenindustrie hat nicht nur von England ihren Ausgangspunkt genommen — die englische ist also die älteste unter den dreien — sondern sie ist auch lange vor dem Aufkommen des deutschen und amerikanischen Wettbewerbes im Besitze einer solchen Machtstellung gewesen, daß ihr eine freie Entwicklung gestattet war. Man sollte meinen, daß auch dieser Teil des Problems der industriellen Organisation frühzeitig in Angriff genommen wäre, wie es ja mit einem anderen nicht minder wichtigen geschehen ist, der Regelung der Arbeiterfrage, deren Lösung zum ersten Male in England versucht wurde. Aber hier hat England zurückgestanden. Kein Land hat in praktischer und theoretischer Beziehung so lange am Dogma der freien Konkurrenz festgehalten. Speziell in der Eisenindustrie war weder in Deutschland noch in den Vereinigten Staaten die Zahl der einzelnen Betriebe und Unternehmungen so groß, noch bestanden unter ihnen in qualitativer Hinsicht solche Unterschiede wie in England. Reine und gemischte Werke, große und kleine, technisch rückständige und fortgeschrittene, fast alle Wert legend auf die Besonderheit ihrer Erzeugnisse, so standen sich die Werke in ihrer Gesamtheit gegenüber.

Besondere Gründe müssen es gewesen sein, die diese von der Norm abweichende Entwicklung hervorgerufen haben. Sie zu untersuchen und zu erklären ist deshalb von Bedeutung, weil die von ihnen herbeigeführten Mängel die eigentliche Ursache bilden für den Rückgang, den die englische Eisenindustrie gegenüber ihren jüngeren Rivalen in Deutschland und den Vereinigten Staaten erfahren hat. Jener aber ist es gewesen, der in engem Zusammenhang mit der Wichtigkeit der Eisenindustrie für das englische Wirtschaftsleben die Frage der Reorganisation aufgeworfen und sie mit fortschreitender Verschlechterung der Lage zur unabwendbaren Notwendigkeit gemacht hat. Das Ziel der Reorganisation,

[1]) Wieser S. 1.

ihre Mittel, die mit der Durchführung verbundenen Fragen überhaupt, die in der Vorkriegszeit zu so manchen erbitterten Kämpfen Anlaß gegeben haben — man braucht nur an den Streit um die Tarif-Reform zu denken — sie alle werden sich im Verlaufe dieser Voruntersuchung mit Notwendigkeit ergeben und die Bedeutung, welche der Krieg für die Reorganisation gewonnen hat, in das richtige Licht zu rücken vermögen.

## B. Die Organisation der englischen Eisenindustrie vor dem Kriege.

### 1. Die Ausbildung des Großbetriebes.

#### 1. Die Grundlagen der Entwicklung.

Die Kennzeichen der modernen Großeisenindustrie in wirtschaftlich-technischer Beziehung sind Massenproduktion und Kombinationsbetrieb. Beider Ausgestaltung war in England anderen Einflüssen unterworfen, als sie sich in der deutschen oder amerikanischen Eisenindustrie betätigt haben. Die Entwicklung hat daher auch zu ungleichen Ergebnissen geführt.

An die Vergangenheit gilt es anzuknüpfen, wenn man die heutige Organisation der englischen Eisenindustrie verstehen will. Man braucht zu diesem Zwecke keine ins Einzelne gehende historische Betrachtung anzustellen. Es genügt vollauf, sich die allgemeinen wirtschaftlichen und technischen Voraussetzungen jener Zeit, als die englische Industrie auf dem Gipfelpunkt ihrer Macht stand, vor Augen zu führen.

Die erste Besonderheit der englischen Eisenindustrie ist ihr hohes Alter. Um die Wende des 18. Jahrhunderts hatte sie bereits die Vorteile des Großbetriebes in ausgedehntem Maße entwickelt. Einige Jahrzehnte später, im Jahre 1835[1]), wird die englische Roheisenerzeugung auf eine Million Tonnen angegeben, eine Zahl, die von der deutschen Eisenindustrie erst 1865 erreicht wurde und von der amerikanischen nur vier Jahre vorher. Im Jahre 1880 näherte sich die englische Produktion bereits der achten Million. Das heißt, als jene Industrien anfingen, sich zu regen, war in England eine im Sinne der damaligen Zeit technisch wie wirtschaftlich hervorragende Industrie vorhanden, der nichts gleiches an die Seite gestellt werden konnte. Die Unternehmungen jener Zeit waren ausgezeichnet durch eine kleinere Betriebsgröße und infolgedessen durch ein geringeres Anlagekapital. Dem seit den 30er Jahren des letzten Jahrhunderts mächtig anwachsenden Bedarf an Eisen entsprachen keineswegs die technischen Bedingungen, welche, anstatt sie zu begünstigen, eher einer besonderen Ausdehung des

---

[1]) Sämtliche Zahlen nach Hood, Appendix. Sämtliche Gewichtsangaben, soweit nicht ausdrücklich bemerkt, in englischen Tonnen (1 ton = 1016,002 kg).

einzelnen Betriebes entgegenwirkten. In der Hochofenindustrie waren noch sehr kleine Öfen gebräuchlich. In der Stahlwerksindustrie, wenn man sie so nennen darf, herrschte das Puddelverfahren, das als arbeitsintensiv bezeichnet werden muß. Die natürliche Folge war, daß bei der sich stetig ausdehnenden Nachfrage, deren Befriedigung auf dem Weltmarkt fast nur England oblag, zahlreiche Betriebe emporschossen, sowohl in der Hochofenindustrie, als auch in der Herstellung schmiedbaren Eisens. Nicht wenige und große Betriebe, sondern viele und kleine, das ist es, was den Unterschied zwischen einst und jetzt ausmacht. Genaue Zahlen lassen sich für diese Entwicklung nicht angeben. Nur Beck[1]) erwähnt, daß nach einer englischen Quelle im Jahre 1869 245 Puddel- und Walzwerke in England gezählt wurden, davon allein 110 in Südstaffordshire und 33 in Yorkshire. Zu ähnlichen Ergebnissen führen die heutzutage fast märchenhaft anmutenden Zahlen[2]) über vorhandene und in Betrieb befindliche Hochöfen, die von Levy zusammengestellt worden sind. Selbst unter Berücksichtigung des Umstandes, daß die meisten Firmen mehr als einen Ofen besaßen, ja einige über 10 und 20, wird man immer noch auf eine stattliche Anzahl von Werken schließen können. Fußend auf einer solchen Grundlage war es die Aufgabe der englischen Eisenindustrie in den nächsten Jahrzehnten, sowohl ihre überragende Stellung auf dem Weltmarkte gegen die andrängenden jüngeren Industrien in Amerika und Deutschland zu wahren, als auch in technischer und organisatorischer Beziehung auf der Höhe zu bleiben — das zweite die Voraussetzung für das erste.

## 2. Die Ausbildung der Massenproduktion.

### a) Die Wachstumsmöglichkeiten der englischen Eisenindustrie.

Betrachten wir die weitere Entwicklung zunächst unter dem Gesichtspunkt der Massenproduktion, so sind in erster Linie die Wachstumsmöglichkeiten der Eisenindustrie darzustellen, denn „die moderne Industrie ist nicht ein Kind der Technik, sondern des Marktes“[3]). Das heißt nichts anderes, als daß die Grenzen der Betriebsausdehnung durch die Nachfrage gegeben sind und in den Marktverhältnissen liegen. Hierbei ist ein Unterschied zu machen. Die Wachstumsmöglichkeiten der englischen Eisenindustrie liegen nicht allein auf dem Inlandsmarkt, sondern da sie im Export hinter keiner anderen des Vereinigten Königreiches zurücksteht, ist auch die Entwicklung des Auslandsabsatzes von Wichtigkeit.

---

[1]) Beck V, S. 241.

[2]) Siehe Levy S. 198. Beispiel: Engl. Hochöfen 1880: vorhanden 926, in Betrieb 567.

[3]) Gruntzel S. 257.

Das Rückgrat einer jeden Industrie bildet ihr Inlandsmarkt. Zwei Momente sind für ihn von Bedeutung, seine Größe und seine Sicherheit. Die Größe ist abhängig vom Umfang des Gebietes, von der Bevölkerungszahl und von dem Stande der kulturellen Entwicklung. Alle drei Momente kommen für die Eisenindustrie in Betracht, denn nächst dem Nahrungs- und Kleidungsbedürfnis spielen ihre Erzeugnisse heutzutage die bedeutendste Rolle in der menschlichen Wirtschaft.

Die Sicherheit des Inlandsabsatzes kann natürlich gegeben sein. Dann handelt es sich um einen Transportschutz, den die heimische Industrie genießt. Hohe Frachten und weite Entfernungen liegen ihm zugrunde. Fehlt eine natürliche Sicherheit, so kann sie künstlich durch Zölle oder Differenzierung in den Frachtsätzen ersetzt werden.

Vergleicht man die Inlandsmärkte der drei großen eisenerzeugenden Länder vor dem Weltkrieg, so stehen die Vereinigten Staaten, was die Größe des Inlandsmarktes anlangt, an erster Stelle. Nach der Zählung von 1910 [1]) bewohnten rund 92 Millionen Menschen ein Gebiet von rund 9 Millionen qkm. Dem gegenüber wohnte in Großbritannien und Irland nach der Zählung von 1911 auf einem Gebiet von rund 314 000 qkm eine Bevölkerung von 45 Millionen. Das Vereinigte Königreich wird übertroffen vom Deutschen Reich, das 1910 65 Millionen Menschen auf einer Fläche von rund 541 000 qkm zählte. England (im eben erwähnten Sinne) besitzt also den kleinsten Inlandsmarkt und nicht nur den kleinsten, sondern auch den am wenigsten ausdehnungsfähigen. Während die Amerikaner in der letzten Volkszählungsperiode vor dem Kriege mit einer jährlichen Zunahme von ungefähr 1 600 000 Menschen rechneten — das sind 1,90 % der mittleren Bevölkerung — und das Deutsche Reich mit einer jährlichen Zunahme von ungefähr 850 000 — gleich 1,36 % — betrug derselbe Zuwachs in England nur 376 000 oder 0,87 %. Die starke Triebkraft zu industrieller Betätigung, die den Nationen aus der Zunahme ihrer Bevölkerung erwächst, äußerte sich in viel geringerem Maße, als es beispielsweise in Deutschland geschehen ist. Es kommt hinzu, daß in England ein gewisser Sättigungsgrad erreicht war. Vor mehr als hundert Jahren hat sich dort die Eisenindustrie zum Großbetrieb geweitet. Anders in Deutschland und Amerika, in denen die Industrialisierung erst in dem letzten Drittel des vorigen Jahrhunderts ihren Aufschwung nahm und an der Hand eines gewaltig gesteigerten Bedarfes auch die eisenschaffende Industrie mit sich riß.

Von minderer Bedeutung ist der Umstand, daß England auf einigen neuzeitlichen Verwendungsgebieten des Eisens mit seinen

---

[1]) Sämtliche Zahlen aus: Stat. Jahrbuch f. d. Deutsche Reich, Jahrgang 1915, Anhang S. 3/4.

Rivalen nicht gleichen Schritt gehalten hat. Die Verwendung des Eisens als Baumaterial, der Wieser[1]) eine entscheidende, wohl nicht ganz gerechtfertigte Bedeutung beimißt, und die geringere Absatzmöglichkeit an die ihren auswärtigen Konkurrenten unterlegene Elektroindustrie gehören hierher. Dafür bietet jedoch der englische Schiffbau Ausgleichsmöglichkeiten, wie sie nur noch die Vereinigten Staaten im Verkehrswesen aufzuweisen haben.

Ungünstig ist auch die Lage der Industrie in bezug auf die Sicherheit des Marktes. Der Transportschutz ist nur gering. Die langgestreckte schmale Insel mit ihren vielen und guten Häfen, die tief einschneidenden Buchten und die Nähe der Industriezentren am Meere legen einem fremden Wettbewerb keine großen Hindernisse in den Weg. Die Bahnstrecken sind kurz. Oft brauchen sie nicht einmal benutzt zu werden, so daß die hohen englischen Tarife in diesem Sinne wirkungslos bleiben oder heimische und fremde Benutzer in gleicher Weise treffen. Unter dem Gesichtspunkt des natürlichen Schutzes betrachtet stellt sich also einer der größten Vorteile, dessen sich das englische Wirtschaftsleben sonst zu erfreuen hat, als ein offenbarer Nachteil heraus. Die Inlandskonkurrenz unter den englischen Werken erfuhr eine Verschärfung, der ausländischen Konkurrenz wurde das Eindringen auf den englischen Markt erleichtert.

Daß dieser Nachteil nicht ausgeglichen wurde durch einen künstlichen Schutz, einen Zollschutz, liegt in der Entwicklung des englischen Wirtschaftslebens begründet. Auch England hat anfänglich auf dem Boden des Schutzzolles gestanden. 1853 fielen die letzten Zölle und man ging zum Freihandel über. Damals spielte die Sicherung englischer Industrien vor fremden Wettbewerb keine Rolle, denn außer der mächtigen englischen Textil- und Eisenindustrie gab es überhaupt keine Großindustrien oder doch keine, die den englischen die Wage halten konnten. Durch Einführung des Freihandels hoffte man ein dauerndes Weltmonopol zu erringen. Diese Hoffnung kann nicht besser ausgedrückt werden, als es Carey in seinen Briefen an die Times[2]) getan hat: „Wir Engländer haben uns vergeblich bemüht, andre Nationen zu überreden, uns in der Annahme der sogenannten Freihandelsprinzipien beizutreten. Die anderen Nationen wußten so gut wie der edle mir gegenübersitzende Lord (Huskisson) und diejenigen, welche ihn unterstützen, daß wir unter Freihandel nichts mehr und nichts weniger verstehen, als ein Monopol unserer Fabrikate für alle Märkte zu erlangen, um mittelst der großen Vorzüge, die wir besitzen, alle anderen Nationen zu verhindern, industrielle Nationen zu werden".

Da die anderen Nationen nicht folgten, brach nicht nur die

[1]) Wieser S. 28.
[2]) Annalen Jahrgang 1877/78, Nr. 3, S. 352.

für den Freihandel als notwendig erkannte Voraussetzung der allgemeinen Einführung zusammen, sondern die alte Monopolstellung Englands hat durch den Schutzzoll in den ehemaligen Absatzgebieten, vor allen Dingen im Deutschen Reich, einen schweren Schlag erlitten. Gerade auf dem Gebiete der Eisenindustrie ermöglichte der Zoll den anderen Ländern das Emporkommen gegen die übermächtige englische Industrie und sicherte den jungen Industrien die Nachfrage des heimischen Marktes. Die natürlichen Vorteile der englischen Eisenindustrie und ihr technischer Vorsprung wurden eingeholt oder durch überlegene Organisation der Produktion und des Absatzes ausgeglichen. Mit fortschreitender Macht drangen sie schließlich auf dem englischen Inlandsmarkt selbst ein. Die deutsche Eisenindustrie hat hier noch mehr als die amerikanische oder belgische Fuß gefaßt, wie aus der Statistik ersichtlich ist. Im Jahre 1913 [1]) stammte von dem Gesamteisenimport im Betrage von 2 342 709 Tonnen mehr als die Hälfte, nämlich 1 197 731 Tonnen aus Deutschland. Da der Import aus später zu erörternden Gründen gerade auf den unteren Produktionsstufen einsetzte, so entstanden für die englische Eisenindustrie gefährliche Folgen. Einmal war eine Schädigung der Eisenindustrie in ihren Grundlagen unausbleiblich, die letzten Endes auch zu einer Abhängigkeit der Fertigindustrien gegenüber dem Auslande führen mußte. Zum andern wurde das Wachstum schwer getroffen. Wohl hat sich der englische Inlandsmarkt in den letzten Jahrzehnten geweitet, wenn auch nicht in demselben Maße, wie der deutsche oder amerikanische, aber die wachsende Nachfrage ist nur zu einem geringen Teil den englischen Werken selbst zugute gekommen. Die Zunahme des Imports zeigt, daß die auswärtigen Konkurrenten den größten Nutzen gehabt haben [2]).

Nicht viel anders als im Inlande war die Lage auf dem Auslandsmarkt. Fast die Hälfte bis ein Drittel der jährlichen Roheisenerzeugung Englands wanderte vor dem Kriege in der einen oder anderen Form ins Ausland. Dieser Markt ist also von großer Wichtigkeit, zumal eine Ausdehnung des Absatzes wegen der oben geschilderten Inlandsverhältnisse nur auf dem Wege des Exports geschehen konnte. Aber auch hier bestanden einschränkende Tendenzen. Durch die Einführung des Schutzzolls in verschiedenen Ländern wurden zuerst große Gebiete aus dem Bereich der englischen Eisenindustrie herausgenommen. Es blieb jedoch immer noch ein weites Tätigkeitsfeld, in dessen Behauptung der mächtige Handel sie unterstützte. Erst, als auch hierher auf den Weltmarkt, der mittlerweile gewachsene fremde Wettbewerb folgte, verlor sie wiederum an Boden. Es blieb ihr fortan nur noch ein Vorzugsgebiet,

---

[1]) The Iron Steel and Allied Trades Federat., Rep. 1915.

[2]) Vgl. die Berichte der Tariff Commission, insbesondere Taf. XII, Nr.42.

nämlich die Kolonien, in denen die politische Zugehörigkeit zum Mutterlande das Eindringen fremder Waren erschwerte.

Somit ist das Ergebnis, daß der Gesamtabsatz nur eine geringe Steigerung erfahren hatte. Es mußten vielmehr alle Bemühungen in erster Linie darauf gerichtet sein, für Verlorenes Ersatz zu suchen und sich der neu aufkommenden Gegner zu erwehren.

Diese Ungunst des Absatzes wurde durch einen weiteren Umstand verdoppelt. Bekanntlich erfreut sich die Eisenindustrie gegenüber anderen Gewerben des großen Vorteiles, daß sie selbst einer ihrer besten Abnehmer ist. Jede durch die Marktverhältnisse veranlaßte Erweiterung des Absatzes kommt ihr sozusagen zweimal zu gute, einmal durch Lieferung der verlangten Erzeugnisse, zweitens durch Lieferung des Materials für den Ausbau des Produktionsapparates. Bei ihrem geringen Wachstum hatte die englische Eisenindustrie hiervon nur wenig Nutzen zu erwarten, während das Umgekehrte bei der deutschen und amerikanischen Eisenindustrie der Fall war. In den Produktionszahlen der Roheisenindustrie spiegelt sich die Entwicklung der letzten Jahrzehnte wieder. Sie gestatten einen tiefen Einblick in die Lage der englischen Industrie, zumal, wenn man die deutschen und amerikanischen Ziffern mit heranzieht[1]). Von 1881 bis 1913 stieg die englische Roheisenerzeugung von 8 144 000 Tonnen auf 10 260 000 Tonnen oder um 126 %, die deutsche von 2 868 000 auf 19 292 000 oder um 573 % und die amerikanische von 4 144 000 Tonnen auf 30 966 000 Tonnen oder um 647 %. Die englische Eisenindustrie weist unter den dreien das geringste Wachstum auf. Ihr gegenüber ist die Nachfrage nicht in einem solchen Maße gestiegen, daß eine erhebliche Steigerung der Produktion möglich war.

Das verhältnismäßig geringe Wachstum der Industrie im ganzen mußte sich mit Notwendigkeit auf die einzelnen Betriebe übertragen. Die Durchschnittsgröße englischer Werke ist, wenn man von wenigen Ausnahmen absieht, kleiner geblieben als die deutscher oder amerikanischer. Die einmal vorhandenen Mittel genügten, um die Nachfrage zu befriedigen. Dem Gesetz der Massenfabrikation, das zur Vermehrung der Erzeugung und zur Vergrößerung der Anlagen drängt, waren engere Grenzen gezogen als in Deutschland und Amerika, wo es sich in freierer Weise betätigen konnte. Während dort immer mächtigere Anlagen emporwuchsen und der rasch sich mehrende Bedarf die gesteigerte Erzeugungsmenge aufnahm und die durch Massenfabrikation und modernste Technik verbilligten Waren die Ausdehnung des Absatzes erleichterten, mußte England bei einer Betriebsgröße bleiben, die dem Stande früherer Zeiten angemessen war. Nehmen wir als Beispiel die Roheisenindustrie, die als die Grundlage der gesamten Eisen-

---

[1]) Die Zahlen sind zusammengestellt nach **Hood**, a. a. O. Appendix.

industrie gelten kann, so finden wir in England bei den Hochöfen nicht nur das kleinste Fassungsvermögen, sondern auch die geringste Betriebsgröße und dementsprechend eine große Anzahl von Unternehmungen. Die Durchschnittsproduktion eines Hochofens in den Roheisenbezirken Großbritanniens stellte sich nach den Untersuchungen der Nachkriegskommission folgendermaßen dar:

Jährliche Gesamtroheisenproduktion und Produktion pro Ofen im Jahre 1915.

a) in England:

| Bezirk | Gesamtproduktion | Öfen in Betrieb | Prod. p. Ofen |
|---|---|---|---|
| Cleveland ....... | 2 061 000 Tons | 45 | 45 800 Tons |
| Durham ......... | 946 000 | 24 | 39 400 |
| Cumberl. ........ | 623 000 | 15 | 40 900 |
| Lincolns. ........ | 533 000 | 16 | 33 300 |
| Südwales ........ | 829 000 | 12 | 65 000 |
| Schottland ....... | 1 109 000 | 71 | 15 000 |

b) in Deutschland:

| Bezirk | Gesamtproduktion | Öfen in Betrieb | Prod. p. Ofen |
|---|---|---|---|
| Rheinl. Westf. ... | 6 667 000 Tons | 99 | 67 400 Tons |
| Lothringen ....... | 4 530 000 | 99 | 45 700 |
| Saarbezirk........ | 1 196 000 | 24 | 50 000 |

(Das Gewicht ist jedesmal in engl. Tonnen angegeben.)

Report of the Departmental Cttee. appointed by the Board of Trade to consider the position of the iron and steel trades after the war. H. M. Stat. Off. 1918. Appendix. D. 25.

In Schottland, wo die Roheisenindustrie zuerst zur Macht gelangte, ist die Zahl der Öfen besonders groß und die Produktion pro Ofen am geringsten. Dort hat also die Industrie das frühere Aussehen am meisten gewahrt. Die Zahlen des Berichts für Deutschland geben ein weit günstigeres Bild. Dabei sind sie sicherlich zu niedrig gegriffen. Denn, wenn die Leistung eines deutschen Hochofens mittlerer Größe in 24 Stunden 200 bis 250 Tonnen beträgt [2]), so ist die durchschnittliche jährliche Produktion pro Ofen 73 000 bis 91 000 Tonnen.

[1]) Nach Brandl S. 132.

Die englische Roheisenerzeugung des Jahres 1913[1]) von 10 260 000 Tonnen verteilte sich auf 293 Hochöfen, die durchschnittlich im Betrieb gewesen waren. Im selben Zeitraum waren in Deutschland[2]) von 313 Öfen 19 292 000 Tonnen hergestellt, also fast die doppelte Menge. Levy[3]) hat gezeigt, wie auch in England eine Tendenz bestand, diesen Mangel abzustreifen, und der Fortschritt, der in den letzten Jahren vor dem Kriege nach dieser Richtung gemacht war, ist augenfällig. Aber angesichts dessen, was erreicht werden mußte, darf man das Geleistete nicht überschätzen. Genug blieb noch zu tun übrig.

Was nun die Betriebsgröße angeht, so finden wir, daß im Jahre 1914 fast ein Viertel aller englischen Hochofenwerke[4]) im Besitz von nur zwei Öfen war und mehr als die Hälfte über zwei bis vier verfügte. Dagegen darf in Deutschland als die optimale Größe eines Hochofenwerkes der Besitz von 5 bis 7 Öfen angesehen werden, wobei in Betracht zu ziehen ist, daß die deutschen Öfen nach dem oben Gesagten viel größere Produktionsmengen hervorbringen als die englischen. Die kleinere Betriebsgröße führte zu einer größeren Anzahl von Einzelunternehmungen. 1914 waren 107 Firmen[5]) in der Roheisenindustrie tätig, denen in Deutschland im Jahre 1912 eine Betriebszahl von 93[6]) gegenüber stand. In Unternehmungseinheiten ausgedrückt ließe sich diese Zahl noch erheblich verkleinern.

Ähnlich wie in der Roheisenindustrie liegen die Dinge in anderen Zweigen der Eisenindustrie. Überall macht sich die Wirkung des geringen Wachstums und des Alters in gleicher Weise bemerkbar. Ausnahmen finden sich nur dort, wo ein wachsender Bedarf die Ausdehnung der Werke gestattet. So finden sich die größten Roheisenproduzenten in Schottland und Cleveland, wo der Ruf des Gießereiroheisens den Absatz im In- und Auslande begünstigte. In der Stahlindustrie ist es besonders der Schiffbau gewesen, der die für ihn arbeitenden Werke an Umfang und Größe hervorragen ließ. Man denke an Cammels, Armstrongs, Palmers, Beardmores und andere an der Nordküste und in Schottland, die ihren Ruf und ihre Größe in erster Linie dem Bau von Kriegs- und Handelsschiffen zu verdanken haben.

### b) Die Individualisierung der Produktion.

Ein weiterer Grund, der ebenso wie die geringen Wachstumsmöglichkeiten der Ausbreitung moderner Massenproduktion entgegenwirkte, liegt in der außerordentlichen Individualisierung

---

[1]) Stahl und Eisen 1914, S. 219.
[2]) Stat. Jahrb. f. d. Deutsche Reich 1915, S. 115.
[3]) Levy, Monopole, S. 198.
[4]) Journal Royal Stat. Soc. vol. 77, S. 549.
[5]) Journal Royal Stat. Soc. vol. 77, S. 549.
[6]) Stat. Jahrbuch f. d. Deutsche Reich 1915, S. 115.

der Produktion, die durch persönliche und rechtliche Momente eine Verstärkung erfährt. Wirkte das Wachstum mehr gegen die Ausdehnung der Einzelunternehmung, so war hierdurch der Zusammenschluß verschiedener Unternehmungen zu einer neuen Einheit erschwert. Die Individualisierung kommt zum Ausdruck in der geringen Standardisierung der Produkte.

Weiter ist in Betracht zu ziehen, daß bis um die Jahrhundertwende, ja noch heute, viele Werke in Privatbesitz waren und andere, die als Aktiengesellschaften betrieben wurden, sich in der Hand bestimmter Familien befanden wie auch manche deutsche Werke. Erfahrungsgemäß gelingt unter solchen Verhältnissen ein Zusammenschluß seltener, als wenn es sich um die Einbringung von Aktiengesellschaften in einen neuen Konzern handelt. Da pflegen solche persönlichen und Gefühlstatsachen nicht zu existieren. Die Aufgabe der Selbständigkeit wird weniger schwer empfunden.

Daß diese Entwicklung, vor allem die geringe Vereinheitlichung in der Qualität oder besser in der chemischen Zusammensetzung des Eisens, auch eine gewissermaßen natürliche Stütze in den englischen Erzverhältnissen gehabt hat, soll nicht bestritten werden. Doch hatte dieser Umstand in der Vergangenheit mehr Bedeutung als heute, da die chemische Analyse und der Mischer ihren Einzug in die Eisenindustrie gehalten haben.

### 3. Die Ausbildung des gemischten Betriebes.

Bei der Herausgestaltung der Massenproduktion treten die Wirkungen des Alters gegenüber denen des Wachstums zurück. Umgekehrt ist es bei dem zweiten Kennzeichen der modernen Großeisenindustrie, der Betriebskombination.

Der Anreiz zu der vertikalen Zusammenfassung der Betriebe liegt in den technischen Vorteilen, die damit verbunden sind. Hier setzen die Folgeerscheinungen des Alters ein. In der Entstehungs- und Blütezeit der englischen Eisenindustrie fielen die einzelnen Stufen des Produktionsprozesses auseinander. Die Vereinigung war wohl möglich, aber nicht notwendig. Erst später fand die Wandlung in der Betriebstechnik statt, die den Hochofen vermittelst des Kontinuitätsstrebens zum Träger des technischen Zusammenschlusses werden ließ. Die Verwendung der Gichtgase zur Krafterzeugung, das Arbeiten in einer Hitze sind erst in den neunziger Jahren in den jungen Industrien Deutschlands und Amerikas zu ausgedehnter Anwendung gekommen, wo die Ungunst der natürlichen Verhältnisse einen scharfen Rationalisierungszwang ausübte. Die englische Hochofenindustrie war unter anderen Voraussetzungen groß geworden. Wohl wirkte auch bei ihr das Kontinuitätsstreben und es wird bei der Schilderung der Roheisenversorgung darzustellen sein, wie es sich betätigte. Die technischen Neuerungen aber, welche die Betriebskombination zur Unerläßlichkeit machten, gab es für sie nicht. Also konnten sie auch keine Verwendung finden.

Auch die Stahlwerke waren auf einer anderen technischen Grundlage aufgebaut. Man muß, um die Bedeutung der Stahlwerksindustrie für die Betriebsorganisation zu erkennen, von einem technischen Moment ausgehen, nämlich von der Stellung, welche die einzelnen Verfahren im Fabrikationsprozeß einnehmen oder eingenommen haben.

Von besonderer Wichtigkeit ist das Puddelverfahren. „Puddeleisen war es, mit dem die Maschinenindustrie Englands ihre großen Erfolge in der ersten Hälfte des neunzehnten Jahrhunderts, ja bis 1880 und darüber hinaus, errang. Die Schienen für die Eisenbahnbauten Großbritanniens und vieler anderer Länder waren aus englischem Puddeleisen gewalzt und seit den vierziger Jahren begann der Bau von Schiffskörpern aus Platten und Trägern von Puddeleisen [1]).“ Bis zum Jahre 1882 [2]), als die Produktion mit 2 842 000 Tonnen ihren Höhepunkt erreichte, dehnte sich das Puddelverfahren stetig aus. Selbst das Aufkommen des Bessemerprozesses vermochte ihm nicht so viel Abbruch zu tun, wie man glauben möchte. Verschiedene Umstände haben seine Erhaltung begünstigt. Zunächst war es nicht wie der Bessemerprozeß von einer bestimmten Erzsorte abhängig. Für Puddelroheisen ließen sich die heimischen Erze, die in der Mehrzahl phosphorhaltig sind [3]), ohne Gefahr verwenden. Die Eigenschaft der Weichheit und Zähigkeit gab ihm in manchen Zweigen der Industrie einen Vorsprung vor dem harten Bessemerstahl. Bekanntlich haben die englischen Maschinenfabriken in Lancashire und Staffordshire, sowie im Paisley-Distrikt von Glasgow, alle drei Zentren der Fabrikation von Spinnerei- und anderen Textilmaschinen, noch lange, bis in die heutige Zeit, Puddeleisen benutzt. Am ersten wurde es dort geschlagen, wo seine Haupteigenschaft vor der Härte des Stahls zurücktreten mußte, nämlich in der Schienenfabrikation. Das Verfahren ferner, das dem Puddeln in Deutschland so schnell das Feld abgewann, der Thomasprozeß, kam in England nur wenig zur Geltung. Zwar sind die Kosten der Umwandlung im Bessemer- wie im Thomasprozeß an sich niedriger als beim Puddeln [4]). Das gleicht sich jedoch beim Bessemern wieder aus durch die höheren Herstellungskosten des hierfür benötigten Roheisens mit hohem Siliziumgehalt. Auch ist der Kauf von Bessemererz kostspieliger. Da der gemischte Betrieb noch nicht allenthalben eingeführt war, hatten die Flußeisenwerke gegenüber den Schweißeisenwerken keine so große Überlegenheit, zumal hier der für die englischen

---

[1]) u. [2]) Vogelstein S. 9 f.
[3]) Hatch, Appendix.
[4]) Goldstein S. 542.

Verhältnisse der Vorkriegszeit sehr wesentliche Umstand zu beachten ist, daß den Puddelwerken eine große Beweglichkeit und Anpassungsfähigkeit an die Konjunkturen innewohnt. Ursachen mehr lokaler Art für die Verbreitung des Puddelns pflegen in den Arbeiterverhältnissen zu liegen. So ist es zum Beispiel in den oben erwähnten Textilbezirken, wo infolge einer Art von Arbeitsteilung die Männer in den Puddelbetrieben und die Frauen in den Textilfabriken arbeiten. Das Schwinden des Puddelns setzt erst in erheblichem Maße mit dem Aufkommen des Siemens-Martinprozesses ein, der alle Vorteile des Puddelns selbst besitzt und obendrein die Qualität des Erzeugnisses mehr betont. So erklärt sich die „merkwürdige Erscheinung" in Wiesers Diagramm [1]), welches eine Konvergenz der Siemens-Martinlinie mit der Schweißeisenlinie zeigt.

Das Puddelverfahren ist seiner Art nach vollkommen desintegriert, ganz abgesehen davon, daß zur Zeit seiner größten Bedeutung der gemischte Betrieb noch in den Anfängen steckte. Ein Arbeiten in einer Hitze ist nach dem heutigen Stande der Technik immer noch unmöglich. Die Temperatur des flüssigen Einsatzes würde den Schlackenherd zerstören. Außerdem ist die Dauer des Prozesses zu lang und alle Bemühungen, das mechanische Puddeln zur Einführung zu bringen, sind seit jeher mißlungen.

Die Bedeutung dieses Verfahrens für die Organisation der englischen Eisenindustrie liegt darin, daß infolge seiner Verbreitung bis in die heutige Zeit ein Teil der englischen Werke eines wichtigen Antriebes zum Zusammenschluß entbehrt, weiter darin, — und das ist das Wichtigste — daß mit dem Ersatz durch das Martinverfahren oder ein anderes Flußeisenverfahren diese von vornherein auf eine ausgesprochen desintegrierte Grundlage zu stehen kamen.

Vergleicht man die einzelnen Posten der Stahlerzeugung im Jahre 1913 [2]), so fällt zunächst die Überlegenheit des sauren Prozesses gegenüber dem basischen ins Auge. Der Erzeugung von 4 937 916 Tonnen im sauren Prozeß stehen nur 2 848 582 im basischen gegenüber. Was nun die Verfahren selbst anlangt, so sprechen gegen das Thomasverfahren, dem die deutsche Industrie ihre großen Erfolge zu verdanken hat, die englischen Erze, die hierfür zu wenig Phosphor enthalten. Nur geringe Ausnahmen sind vorhanden. Und auch dann muß meist der Phosphorgehalt eine künstliche Erhöhung erfahren durch Puddelschlacke, was nicht immer angängig ist, denn deren Mengen sind begrenzt und der Preis stellt sich dementsprechend teuer. An der Nordostküste waren vor dem Kriege verschiedene Thomaswerke im Betrieb. Im Jahre 1913 betrug die Produktion von Thomasstahl nur 560 000 Tonnen.

---

[1]) Wieser S. 46.

[2]) Diese und folgende Zahlen nach Stahl und Eisen 1914, S. 1146.

Es gibt ein völlig falsches Bild, wenn man bei der Anführung englischer Produktionsziffern immer wieder von den großen Mengen hergestellten Thomasroheisens liest. Das „basic pig iron", wie man es nennt, ist fast gänzlich Roheisen für den basischen Martinprozeß.

Infolge der Beschränkung des Thomasverfahrens hat ein derartiger Ansporn zur Massenherstellung von Stahl, wie er durch dieses Verfahren in Verbindung mit den großen Erzvorräten Elsaß-Lothringens der deutschen Eisenindustrie zuteil wurde, in England nicht seinesgleichen gefunden. Für eine ähnliche Entwicklung des Bessemerprozesses lagen die Bedingungen ungünstiger, da der heimische Erzvorrat nicht ausreichte und sich dies Verfahren überhaupt teurer stellt. Die Produktion von Bessemerstahl belief sich 1913 nur auf 1 065 552 Tonnen.

Im Martinprozeß herrschte das saure Verfahren. Das erklärt sich aus der Vorliebe und Gewöhnung englischer Abnehmer, die, nicht zum mindesten infolge der aus Konkurrenzgründen erfolgten Ablehnung des deutschen Thomasstahles durch Lloyds, gegen den „basischen" Stahl ein Vorurteil hatten, dem jegliche innere Berechtigung fehlte, wenigstens seit das Verfahren aus den Kinderschuhen heraus war. Doch hat das basische Verfahren etwa seit der Jahrhundertwende auch im englischen Martinbetrieb siegreichen Einzug gehalten. Von 298 180 Tonnen im Jahre 1900 stieg die Erzeugung auf 2 287 822 im Jahre 1913. Diesen raschen Aufschwung verdankt es seiner großen Anwendungsmöglichkeit, da man mit seiner Hilfe imstande ist, Roheisen jeglicher Zusammensetzung in hochwertigen Stahl zu verwandeln. Man braucht also nicht mehr so viel Rücksicht auf die Erze zu nehmen. Von jetzt ab konnte ein großer Teil englischer Erze zur Verhüttung gelangen, die vorher für den Bessemerprozeß zu viel und für den Thomasprozeß zu wenig Phosphor besaßen.

Zum ersten Male ist im Jahre 1894 der Konverterstahl der Menge nach von dem im Herdofen hergestellten übertroffen worden, um von diesem Augenblick ab stetig zu sinken.

So hatte anders als in Deutschland, wo beide Verfahren sich vor dem Kriege die Wage hielten, das Herdofenverfahren den Konverterbetrieb geschlagen. Das bedeutete nichts anderes, als daß auf einer desintegrierten Grundlage ein Verfahren überwog, das selbst desintegriert war. Gerade diese Eigenschaft machte es besonders geeignet zum Ersatze des Puddelverfahrens. Erst seit etwa einem Jahrzehnt vor dem Kriege ist durch die Mechanisierung des Martinbetriebes und das Arbeiten mit flüssigem Einsatz, wie es im sogenannten neuen Martinverfahren und seinen Abarten üblich ist, eine Änderung bewirkt und ein Antrieb zur Integration ausgelöst worden, der vordem in viel geringerem Maße bestand.

### b) Die Folgen des geringen Wachstums für die Betriebskombination.

Das Erbe aus der Vergangenheit, die Zersplitterung der Betriebe, erwies sich als ein schwer zu überwindendes Hindernis. Zwei Wege boten sich dar, um zur Betriebskombination zu gelangen, deren Kennzeichen die örtliche Vereinigung von Hochofen, Stahl- und Walzwerk ist. Einmal konnte man sie durch Zusammenschluß bereits bestehender Werke, die den verschiedenen Produktionsstadien angehörten, zu erreichen suchen. Dazu mußte aber die örtliche Differenzierung überwunden werden, eine in den meisten Fällen unlösliche Aufgabe, die sich nur ausnahmsweise im Falle nachbarschaftlichen Beieinanderliegens der Werke zur Durchführung bringen ließ. Das bekannteste Beispiel dieser Art ist die Verbindung von Dorman, Long and Co., Ltd, dem bekannten Stahlwerk in Middlesborough, mit der ebenfalls dort beheimateten Roheisenfirma Bell Bros., Ltd.

Unter deutschen und amerikanischen Verhältnissen konnten die neuen Errungenschaften der hüttenmännischen Technik ohne weiteres zur Anwendung kommen und mußten es sogar aus Gründen der internationalen Konkurrenzfähigkeit. Hier gestattete die mächtig gewachsene Nachfrage umfangreiche Neubauten. Derselbe Weg war in England nicht immer gangbar. Ein großer Produktionsapparat stand von alters her zur Verfügung und genügte vollauf für die vorhandene Nachfrage. Ein Neubau bildete eine Ausnahme. Es konnte sich bestenfalls um einen Umbau handeln. Aber auch hierzu reichte das Wachstum nicht aus, denn eine Modernisierung der Anlagen pflegt eine Produktivitätssteigerung mit sich zu bringen. Muß man vermuten, daß die Unterbringung der Mehrerzeugung auf Schwierigkeiten stoßen wird, so fällt jeglicher Anlaß zur Verbesserung fort. Daher pflegte die englische Industrie, wenn ihr der Vorwurf der Rückständigkeit gemacht wurde, zu antworten, daß man bei der Unsicherheit der Absatzverhältnisse zu tiefgreifenden Veränderungen nicht in der Lage sei.

### c) Die Wirkung des Imports und der natürlichen Produktionsvorzüge.

Neben Alter und Import sind zwei weitere Momente zu erwähnen, denen eine ungünstige Wirkung auf die Herausbildung der Betriebskombination zuzuschreiben ist.

Der Import ist nicht nur indirekt durch Schädigung des Wachstums dem Bestreben, den Kombinationsbetrieb zur Durchführung zu bringen, schädlich gewesen, sondern auch direkt. Die Werke waren gezwungen, um den durch den Import veranlaßten Marktschwankungen Rechnung zu tragen, ihre eigene Produktion einzuschränken und mehr oder minder wichtige Teile ihres Betriebes stillzulegen [1]). Damit trat aber eine Bevorzugung kleiner und reiner Betriebe ein [2]). Der Import drehte gewissermaßen das Gesetz der Massenfabrikation um. Die Produktionskosten, die sich auf eine geringere Erzeugungsmenge verteilten, als der Produktionsfähigkeit des Betriebes entsprach, führten bei Unterbrechungen und Stilllegungen zu einer Verteuerung der Fertigware, die die Rentabilität verschlechterte.

Bedeutungsvoller ist der nächste Umstand. Die Betriebskombination bezweckt nichts anderes als eine Rationalisierung der Produktion. Je ungünstiger die natürlichen Produktionsverhältnisse sind, um so mehr Aufmerksamkeit wird auf die technischen Vorgänge der Produktion verwendet werden, auf die eine Einwirkung in weitgehendem Maße stattfinden kann.

In den ausgezeichneten Verkehrsmöglichkeiten, die gerade auf dem Gebiete der Eisenindustrie mit ihren schweren Massentransporten eine große Rolle spielen, liegt der dauernde Vorsprung, den England vor seinen deutschen und amerikanischen Konkurrenten voraus hat. Die Standortsfrage ist außerordentlich vereinfacht. Kurze Entfernungen und Einheitlichkeit in Rohstoffbezug und Absatz, sowie innerhalb beider [3]), erleichtern die Lage englischer Werke und heben ihre Konkurrenzfähigkeit. Der natürliche Vorteil der Lage ist eine der Ursachen dafür, daß man in England weniger darauf bedacht war, alle Verbilligungsmöglichkeiten im Produktionsprozeß auszunutzen, worauf die deutsche und amerikanische Eisenindustrie infolge ihrer ungünstigen Stellung im Konkurrenzkampf von vornherein angewiesen waren.

### 4. Rückwirkungen.

Die kleinere Betriebsgröße und das Fehlen des gemischten Betriebes haben eine Rückwirkung auf den Stand der industriellen Technik ausgeübt. Die Anwendung vieler moderner Errungenschaften des Eisenhüttenwesens setzt ein Mindestmaß der Betriebsgröße voraus, um rentabel zu sein. So ist es, um ein für englische Verhältnisse typisches Beispiel anzuführen, mit den automatischen Begichtungseinrichtungen, die nur den vierten oder achten Teil der Bedienungsmannschaften gebrauchen, welche bei Begichtung der Hochöfen von Hand notwendig sind. Kleinere Betriebe sind abgesehen von den finanziellen Schwierigkeiten der Anschaffung regelmäßig nicht in der Lage, derartige Einrichtungen so auszunutzen, wie es die Rentabilität erfordert. Das dürfte der Hauptgrund sein für die in deutschen Augen erstaunliche Tatsache, daß nach dem Bericht des Industrial Fatigue Research Board [4])

---

[1]) Tariff Com. Rep. vol. I, sec. VI.
[2]) Wieser S. 39.
[3]) Schumacher, Weltwirtschaftl. Studien S. 314.
[4]) The Times. Trade Suppl. 8. 1. 1921.

von 146 im Jahre 1920 untersuchten Hochöfen nur 18 % automatisch begichtet wurden. Deartige Beispiele ließen sich noch mehr anführen. Ein Hinweis auf die vor dem Kriege befolgte Politik der Trade Unions, die Anwendung von arbeitsparenden Maschinen nur dann zu gestatten,wenn ihre Verwendung ohne Verringerung der im Betriebe beschäftigten Arbeiterzahl erfolgte, erscheint nicht ausreichend, wenn ihr gelegentliches Vorhandensein auch nicht bestritten werden soll. Der Vorwurf technischer Rückständigkeit besteht vielfach zu Recht. Das ist von sachverständiger Seite durch den Bericht der Nachkriegskommission [1]) bestätigt worden. Seine wichtigste Ursache ist der Mangel an wissenschaftlicher Durchdringung der praktischen Arbeit, der wiederum der Unzulänglichkeit des englischen Bildungswesens überhaupt und der technischen Ausbildung im besonderen entspringt.

Gewiß gab es auch in England vor dem Kriege in allen Bezirken Werke, die als Kombinationsbetriebe anzusehen waren. Ihr Bestehen ist, wie die trefflichen Schilderungen Vogelsteins zeigen, größtenteils historisch zu erklären. Sie waren schon in frühen Zeiten als gemischte Betriebe angelegt oder hatten im Laufe der Zeit eine Ergänzung erfahren, was vor allen Dingen dort geschah, wo eine wachsende Nachfrage den Umbau und Ausbau alter und die Anlage neuer Werke begünstigte. Den Typus der Organisation stellte das gemischte Werk nicht dar. Gegen diese Behauptung spricht die Zahl der in betriebstechnischer Hinsicht desintegrierten Werke, die in der Mehrheit sind und zu denen eine stattliche Reihe der hervorragendsten englischen Unternehmungen zu zählen ist. Selbst Firmen wie Vickers Ltd. und Armstrong, Whitworth and Co. müssen ihnen zugerechnet werden.

Das Ergebnis läßt sich kurz dahin zusammenfassen, daß die Vorteile des gemischten Betriebes und der Massenproduktion der englischen Eisenindustrie nicht in demselben Maße zugute gekommen sind wie ihren deutschen und amerikanischen Rivalen. Beides beraubte sie eines technischen Vorteiles und hatte eine Verteuerung der Produktion zur Folge, die selbst durch die einzigartigen natürlichen Vorteile auf die Dauer nicht ausgeglichen werden konnte.

## II. Die Ausbildung der Großunternehmung.

Trägt die Betriebskonzentration einen technischen Charakter und gipfelt sie in einer örtlichen Vereinigung der Betriebe, so sind die Triebkräfte, die die Kombination der Unternehmungen bewirken, wirtschaftlicher Art, denn die Unternehmung ist nicht wie der Betrieb eine technische, sondern eine rechtlich-finanzielle

---

[1]) Report of The Departmental Commite appointed by The Board of Trade to consider the position of the Iron and Steel Trades after the War.

Einheit. Die Unternehmungskombination steht in der Konzentrationsbewegung im Vordergrunde. Derartig enge Grenzen, wie sie für die Betriebskombination durch das Arbeiten in einer Hitze oder in der Ausnützung der Kraftquellen des Hochofens und der Nebenproduktenanlagen gegeben sind, brauchen hier nicht berücksichtigt zu werden. Sie werden zwar ersetzt durch wirtschaftliche Momente, aber diese sind ihrem Wesen nach nicht so bedeutungsvoll. Eine örtliche Vereinigung gehört nicht zu den Erfordernissen einer Kombination der Unternehmungen. Zweitens ist das Betätigungsfeld an und für sich viel weiter, da es sich über das Gebiet der Produktion im engeren Sinne hinauserstreckt auf die Rohstoffbeschaffung und den Absatz der Produkte. Die Grenzen liegen in den organisatorischen Schwierigkeiten, welche die Errichtung solcher weitausgreifenden Wirtschaftskörper mit sich bringt.

Hat die Ausdehnung vom Rohstoffbezug bis zum Absatz an sich schon eine Mannigfaltigkeit des Organisationsstrebens zur Folge, so wird sie dadurch verstärkt, daß es nicht nur in einer Richtung, der vertikalen, sondern auch in der entgegengesetzten horizontalen Richtung einsetzt, je nachdem, wie die einzelnen Triebkräfte wirken. Darin liegt für die Darstellung, die eine Übersicht über die Ergebnisse der Konzentrationsbewegung oder über die Gründe ihres Fehlens bringen will, eine doppelte Gefahr: Verkennung des Wesentlichen einerseits und andererseits die Möglichkeit, daß die Abstraktion zum Schematismus wird. Beides läßt sich am besten vermeiden, wenn man die einzelnen Zweige des Produktionsprozesses gesondert betrachtet und jeweils das Resultat festlegt.

### 1. Die Bedingungen für die Angliederung des Rohstoffbezuges.

#### a) Auf dem Gebiet des Produktion.

Das Streben nach Angliederung des Rohstoffbezuges muß notwendigerweise vertikal gerichtet sein. Zurückzuführen ist es auf die Kontinuität des Betriebes. Die Rohstoffe sollen in der benötigten Menge und Beschaffenheit, zur richtigen Zeit und am richtigen Ort vorhanden sein. Dieses Streben wird um so stärker sein, je mehr Rohstoffe gebraucht werden, das heißt, je größer der Betrieb ist. Es wird bei gemischtem Betrieb und moderner Massenfabrikation mehr ins Gewicht fallen als bei kleinen und reinen Betrieben, die eher imstande sind, ihr Material laufend im Markte zu kaufen und es zu lagern. So läßt sich schon allgemein sagen, daß bei der geringeren Verbreitung der Massenproduktion und des gemischten Betriebes in England die Tendenz zum vertikalen Zusammenschluß eine Schwächung erfahren hat.

## b) Die in den Marktverhältnissen wurzelnden Bedingungen.

Das Streben wird weiter um so stärker sein, je schwieriger und kostspieliger die Beschaffung der Rohstoffe ist. Das ist eine Frage der Marktsicherheit. Durch Angliederung der Rohstoffgewinnung wird der Einfluß des Marktes und damit der Verteuerungsmöglichkeiten ausgeschaltet, welche durch Zwischengewinne, eine monopolistische Stellung der Verkäufer oder Zölle zustande kommen. Der Ausdruck Rohstoffe muß in diesem Falle weiter gefaßt werden, als es sonst zu geschehen pflegt. In der langen Stufenfolge der Eisenindustrie bilden die Fertigfabrikate der einen die Rohstoffe der nächsten Stufe.

Auf der untersten Stufe stehen Erz und Kohle. Sie sind die wichtigsten Rohstoffe im engeren Sinne bei der Eisengewinnung. Für die Versorgung mit beiden ist England in einer selten glücklichen Lage. Was die Versorgung mit Erzen anbetrifft, so hat sie sich allerdings in den letzten Jahrzehnten nicht unerheblich verschlechtert. Sie baute sich ursprünglich auf den heimischen Erzen von Staffordshire, South Wales, South Yorkshire, West Yorkshire und Shropshire auf [1]). Gießerei- und Puddeleisen waren die Hauptprodukte jener Periode. Eine Änderung rief die Erfindung Bessemers hervor, die phosphorfreies Roheisen zur Voraussetzung hatte. Solches ließ sich nur aus den Erzen in Cumberland und Lancashire gewinnen. Beide Gebiete kamen damit in den Besitz einer Vorzugsstellung unter den englischen Erzdistrikten. Die quantitativen und qualitativen Vorzüge des Bessemerprozesses führten zu einer immer größeren Nachfrage nach dafür geeigneten Erzen. Um 1865 begann der Import von Erzen, wenigstens war er da erst erwähnenswert [2]). 1867 betrug er 86 568 Tonnen. 1870 stieg er auf 400 000 und 1880 auf 3 Millionen Tonnen. 1890 waren es 5½ Millionen und 1913 7¼ Millionen Tonnen geworden. Fast der gesamte Import bestand aus phosphorfreien Erzen spanischer Herkunft, neben denen andere, zum Beispiel skandinavische, eine recht geringe Rolle spielten.

Die günstige Entwicklung des spanischen Bergbaues ging zu Lasten des englischen. Allein der Cumberländer Bezirk hat von dem mächtigen Aufschwung der Stahlindustrie seit Bessemer Nutzen gezogen. Die übrige englische Erzeugung wurde in der Mehrzahl zur Herstellung von Gießerei- und Puddelroheisen verwendet. Aber auch so hat die heimische Erzförderung hingereicht, um im Laufe der Zeit in der Rangfolge der englischen Bezirke nicht unerhebliche Änderungen zu bewerkstelligen.

---

[1]) Tariff Report. Zeuge 16, Nr. 935.

[2]) Campbell S. 695. Die Zahlen ab 1900 nach Stateman's Yearbook, die betr. Jahre.

Die englische Erzförderung.

| Bezirke | 1882 | 1899 | 1905 | 1913 |
|---|---|---|---|---|
| Schottland | 2 642 600 | 843 585 | 832 388 | 601 026 |
| Cumberland | 2 851 912 | 1 808 674 | 1 638 323 | 1 795 361 |
| North Riding/Yorkshire | 6 642 608 | 5 612 742 | 5 944 047 | 6 106 973 |
| Staffordshire | 1 797 304 | 1 069 758 | 890 240 | 904 932 |
| Lincolnshire | 1 037 336 | 2 094 330 | 2 151 250 | 2 682 985 |
| Northamptonshire | 1 290 320 | 1 779 710 | 2 029 780 | 2 962 376 |
| Andere Bezirke | 1 260 856 | 1 150 269 | 991 671 | 1 138 650 |
| Irland | 203 200 | 102 262 | 113 004 | 60 974 |

Anteil der einzelnen Bezirke an der Förderung.

| Bezirke | Förderung in % | |
|---|---|---|
| | 1881 | 1913 |
| Schottland | 14,9 | 3,7 |
| Cumberland | 16,1 | 11,1 |
| North Riding/Yorkshire | 37,5 | 37,6 |
| Staffordshire | 10,1 | 5,6 |
| Lincolnshire | 5,9 | 16,5 |
| Northamptonshire | 7,3 | 18,1 |
| Andere Bezirke | 7,1 | 7,0 |
| Irland | 1,1 | 0,4 |

Gesamtförderung.

| Jahr | Förderung |
|---|---|
| 1881 | 17 725 136 |
| 1899 | 14 461 330 |
| 1905 | 14 590 703 |
| 1913 | 15 917 328 |

**(Zusammengestellt nach Mines and Quarries und anderen Veröffentlichungen.)**

Wie die Tafel zeigt, haben sich die Förderzahlen verschoben. Vor allem die älteren Bezirke wie Schottland, Staffordshire und Südwales, welches unter der Spalte „Andere Bezirke" mitaufgeführt ist, zeigen eine Abnahme. Ebenso ist ein Nachlassen in Cumberland und Lancashire erkennbar. Auch Cleveland, das den größten Teil der Erzförderung vom North of Riding stellt, hat seine besten Tage gesehen. Lincolnshire und Northamptonshire haben dagegen eine Zunahme erfahren. Ihr Anteil an der Förderung ist von 5,9 % resp. 7,3 % im Jahre 1881 auf 16,5 % oder 18,1 % im Jahre 1913 gestiegen. Das Hochkommen dieser Bezirke ist veranlaßt durch die steigende Anerkennung, die das basische Siemens-Martin Verfahren vor dem Kriege gefunden hatte.

Neben dieser quantitativen Änderung läuft zugleich eine Minderung in der Qualität der Erze. Die besten Erzlager sind zum Teil abgebaut. Das gilt besonders von den berühmten „Blackband"-Erzen. In den neuen Bezirken von Lincolnshire und Northampton beträgt der Eisengehalt der Erze in natürlichem Zustande ungefähr 22 % bis 34 % [1]). Es ist also erklärlich, daß der Import auch in den inländischen Erzverhältnissen eine Stütze findet, sowohl ganz allgemein betrachtet in der Verringerung der Förderung, als auch in der Verschlechterung der Erzqualitäten, so daß es sich besonders aus diesem letzten Grunde lohnen kann, nicht englisches Erz mit geringem Eisengehalt, sondern hochwertiges fremdes zu verarbeiten. Es ist also nicht bloß die Liebhaberei für den sauren Prozeß, die die englischen Werke auf der Erzsuche ins Ausland geführt hat.

Der Import hat eine doppelte Wirkung gehabt. Zunächst ist die Eisenindustrie auf ihrer untersten Stufe in die Abhängigkeit des Auslandes geraten. Dadurch wurde jene zweite Abhängigkeit im Halbzeugimport in ihrer Wirkung außerordentlich verstärkt und die Stahlindustrie sozusagen von zwei Seiten in die Enge getrieben.

Von der gesamten Verbrauchsmenge macht der Import dem Gewicht nach nur ein Drittel aus. Die volle Bedeutung der Sachlage wird aber erst klar, wenn man sich vor Augen hält, daß der Prozentgehalt spanischer Erze ein viel höherer ist als der englischer Erze — mit Ausnahme des Cumberländer Hematiteisensteins. Verhielten sich im Jahre 1913 heimische Erzförderung und der Import dem Gewicht nach wie 2 : 1, so bestand zwischen den daraus gewonnenen Roheisenmengen ein Verhältnis von 1 : 1.

Auch die deutsche Eisenindustrie führte vor dem Kriege große Mengen fremder Erze ein. Im Jahre 1913 waren es rund 14 Millionen Tonnen gegenüber 36 Millionen Tonnen zollinländischer Förderung [2]), wovon ungefähr 2½ Millionen Tonnen nach Frankreich und Belgien ausgeführt wurden. Aber die Abhängigkeit war hier doch nicht so groß wie in England. Dem Eisengehalt nach war das Verhältnis von Inlands- und Auslandserzen wie 6 : 4. Wenn damit die gewonnenen Roheisenmengen auch nicht ganz übereinstimmen werden, so genügt es doch zur Kennzeichnung der Lage. Der wirkliche Grund, weshalb die Abhängigkeit

---

[1]) Hatch S. 75.
[2]) Müßig S. 182/3.

vom Auslande nicht so groß war wie in England oder wie es nach den Zahlen erscheinen möchte, lag darin, daß ein hochentwickelter heimischer Bergbau in Lothringen und an anderen Gewinnungsstätten vorhanden war, der eher eine Ausdehnung der Erzeugung gestattete. Ferner darin, daß das eingeführte Erz größtenteils dieselbe Beschaffenheit aufzuweisen hatte, nämlich phosphorhaltige, wie das in den heimischen Gruben gewonnene. Ein Unterschied ergab sich nur insofern, als das fremde Erz reichhaltiger war. Ein Wechsel in den Verhüttungsmethoden, der in England beim Aufhören des Imports unausbleiblich war, brauchte in Deutschland nicht oder doch in weniger einschneidender Weise vorgenommen zu werden.

Für die Organisation der Eisenindustrie hat der Erzimport ebenfalls wichtige Folgen gehabt. Durch das örtliche Auseinanderfallen von Eisenerzgewinnung und Verarbeitung ist dem Handel sein Betätigungsfeld gegeben worden. Die Erzversorgung liegt zu einem großen Teil in der Hand des Handels, der die fremden Erze heranführt. Glasgow, Cardiff, Middlesborough, auch London, sind Zentren des Erzhandels. Londons Bedeutung steht hinter derjenigen der anderen zurück, denn der Handel nach dem Kontinent, der vor nicht allzu langer Zeit in London bestand, ist an deutsche, holländische oder belgische Firmen übergegangen oder wird durch die Werke selbst erledigt.

Durch die weite räumliche Entfernung ist die Verbindung von Erzgrube und Hütte gelockert. Außerdem tritt zu den gewöhnlichen Faktoren, die den Erzeugerpreis beeinflussen, hier ein besonderer hinzu. Die zu zahlenden Frachten sind Seefrachten, die zwar als Ganzes betrachtet, zumal bei der reichlichen Rückfrachtgelegenheit, wofür besonders Kohle genommen wird, billiger sind als die englischen Landfrachten. Das unbequeme Moment liegt aber darin, daß sie in engster Verbindung mit dem Weltfrachtenmarkt zustande kommen, also häufiger mehr oder minder heftigen Schwankungen unterworfen sind. Ein Besitz ausländischer Erze bringt demnach dem englischen Besitzer nicht die erwünschte Freiheit vom Markt und die Stetigkeit des Preises. Als im Kriege die englische Regierung bemüht war, die Erzpreise festzulegen, ist ihr dies nicht eher gelungen, als bis sie zuvor die Frachtpreise der spanischen Erze geregelt hatte, was erhebliche Schwierigkeiten bot und sich schließlich als undurchführbar erwies. Den Transport selbst in die Hand zu nehmen, ist, soviel man sehen kann, von keiner Seite versucht worden. Die Gründe dafür werden noch einmal berührt werden.

Unter den herrschenden Umständen mußte der Anlaß zur Angliederung ausländischer Erzgruben schon besonders groß sein, um alle damit verbundenen Nachteile in Kauf zu nehmen. Nur dort, wo neben einer großen Kapitalkraft die Sorge um die Kontinuität des Betriebes und um die Qualität des Rohstoffes im Vordergrunde standen, sind die Schwierigkeiten überwunden worden. Große und bekannte Qualitätswerke wie John Brown and Co. Ltd., Cammel, Laird and Co. Ltd., Bolckow, Vaughan and Co., die Consett Gesellschaft, Millom and Askam und Dorman, Long and Co. Ltd. und andere haben fremde Erzgruben, vornehmlich spanische, in Besitz oder sind an ihnen durch Aktienkontrolle beteiligt. Auf dem Inlandsmarkt ist ebenfalls eine Reihe von Werken im Besitze eigener Gruben. Das erklärt sich aus historischen Gründen, indem einige Firmen von ihrer Gründung an den Verhüttungsprozeß mit der Erzgewinnung begonnen haben. Aber unter diesen werden nur ganz wenige gewesen sein, die ihren Erzbedarf aus eigenem Besitze zu decken vermochten, wahrscheinlich überhaupt keine mit Ausnahme von Bolckow, Vaughan and Co. Die Erfindung Bessemers und das Festhalten am sauren Verfahren wies hin auf den Auslandsbezug der Erze. Andererseits waren auch keine monopolistischen Beeinträchtigungen auf dem Inlandserzmarkt zu befürchten, welche der Versorgung durch den Markt zum Schaden gereichen mußten. Irgendwelche Preisvereinbarungen für Erz haben niemals eine Rolle gespielt. Auch in Deutschland ist dies ja nur in geringem Maße der Fall gewesen. Die einzige erwähnenswerte Ausnahme bildet der Siegerländer Verein. Allerdings ist in beiden Ländern die Ursache für die geringe Betätigung des Kartellgedankens auf dem Gebiete der Erzgewinnung verschieden. In Deutschland befand sich der größte und wichtigste Teil der Erzlager in der Hand der gemischten Werke. In England war es anders. Dort war infolge der Lage der einzelnen Reviere zueinander, der Zahl der Gruben und ihrer Verschiedenheit in bezug auf Qualität und Abbaumöglichkeit, und vor allen Dingen wegen der Erzeinfuhr die Gelegenheit zur Preisvereinbarung und die Aussicht auf eine Beherrschung des Marktes so gut wie nicht vorhanden. Der einzige Bezirk, der eine Sonderstellung innehatte, war der Cumberländer. Einem Druck von dieser Seite wurde durch den Import fremder Erze begegnet. Die spanischen Erze wurden schließlich in Cumberland selbst eingeführt.

Nach dem Erz ist die Kohle der wichtigste Rohstoff. Auf der frühzeitigen Entwicklung des Kohlenbergbaues gründet sich die ehemalige Machtstellung der englischen Industrie. Sie ist außerdem der wichtigste Exportartikel des Vereinigten Königreiches gewesen, dessen Erlöse vor dem Kriege in der englischen Zahlungsbilanz einen sehr wesentlichen Ausgleichsposten gegenüber den importierten Rohstoffen und Lebensmitteln darstellten.

Vom Norden Schottlands bis an die Kanalküste in Kent dehnen sich die Kohlenfelder. Nicht alle Kohlen sind für die Verwendung als Hochofenkoks geeignet. Das Schwergewicht der Koksindustrie liegt in den Kohlendistrikten von Durham, Yorkshire und Südwales. Schottland nimmt eine Sonderstellung ein. Mit wenigen Ausnahmen wird dort im Hochofen nicht Koks benutzt, sondern Rohkohle, die berühmte schottische „Splintkohle". Sie wird aber in absehbarer Zeit erschöpft sein, so daß auch dort Koks genommen werden muß. Die Kohlenförderung ist im Gegensatz zur Erzförderung dauernd gesteigert worden. Im Jahre 1870 [1]) betrug sie rund 147 Millionen Tonnen gegen 287 Millionen Tonnen im Jahre 1913. Während derselben Zeit stieg die deutsche Förderung von 47 auf 161 Millionen. Der deutsche Kohlenvorrat, wie er sich vor dem Kriege darstellte, war nicht etwa geringer als der englische, sondern er übertraf ihn um mehr als das Doppelte [2]). Aber die Förderung war nicht in gleicher Weise entwickelt wie in dem alten Industrielande England. Im Gegensatz zum Erz besteht auf dem Gebiete der Kohlenversorgung keine direkte Abhängigkeit vom Auslande. Indirekt ist sie jedoch insofern vorhanden, als der Auslandsabsatz einen Einfluß auf den Preis ausübt und damit auf die Förderung. Diesem Umstande ist jedoch für die Werke keine so große Bedeutung beizumessen.

Die günstige Lage der Kohlen- und Koksversorgung hat zwei Folgen gehabt. Während in Deutschland der Gewinnung der Nebenprodukte des Verkokungsprozesses eine außerordentliche Beachtung geschenkt wurde, ist dies in England in sehr viel minderem Maße der Fall gewesen. Noch im Jahre 1913 [3]) gab es 13 167 Bienenkorböfen, die 62 % der gesamten Kokserzeugung zu Hochofenzwecken herstellten. Die wertvollen Nebenprodukte, wozu man auch die Möglichkeit der Kraftersparnis durch Ausnutzung der Gase rechnen kann, gingen verloren. Man hatte sich, wie Sir Robert Hadfield, einer der ersten englischen Industriellen, einmal sagte, bei der Billigkeit und dem Überfluß an Kohlen daran gewöhnt, verschwenderisch damit umzugehen. Dort, wo moderne Kokereien angelegt waren, stammten sie vielfach von deutschen Firmen, die manchmal die Errichtung der Öfen sogar kostenfrei vornahmen und sich als Entgeld für eine Reihe von Jahren die Nebenprodukte übereignen ließen. Die gelegentlich von englischer Seite aufgestellte Behauptung, daß der Bienenkorbkoks allen anderen Sorten wegen seines geringen Schwefelgehaltes überlegen sei, wird von technischen Sachverständigen bestritten. Man wird auch hier nicht mehr umhinkönnen, eine Rückständigkeit zu konstatieren.

Als zweite Folgeerscheinung kommt in Betracht, daß durch die reichliche Versorgungsmöglichkeit der Konzentrationsbewegung viel von ihrer Kraft genommen wurde. Die deutsche Eisenindustrie hat verschiedentlich seit ihrem Bestehen mit wirklicher oder ver-

---

[1]) Mines and Quarries. 1915.
[2]) Müßig S. 319 ff.
[3]) Hatch S. 99.

meintlicher Kohlenknappheit zu kämpfen gehabt. Die durch den Aufschwung der Industrie zu Anfang der fünfziger Jahre veranlaßte Steigerung der Kohlennachfrage, welcher die Bergwerke nicht gerecht zu werden vermochten, war die Entstehungsursache der ersten deutschen Hüttenzeche, der Guten-Hoffnungs-Hütte [1]). Die Verstaatlichung der deutschen Eisenbahnen und noch wichtiger die Gründung des Kohlensyndikats bildeten neue Anlässe für die Werke, sich im Bezuge der Kohlen selbständig zu machen. In ähnliche Lagen ist die englische Eisenindustrie nicht gekommen. Abgesehen von den allgemeinen Konjunkturschwankungen drohten ihr keine außerordentlichen Gefahren. Eine Monopolisierung, die in erster Linie zu Verteuerungen führen kann, war bei der Zersplitterung im Kohlenbergbau nicht zu befürchten. Nach Whetham's Angaben wurde vor dem Kriege Kohle aus ungefähr 3300 Schächten gefördert, die ungefähr 1500 Eigentümern gehörten [2]). Machte diese Zahl allein schon eine Regelung der Konkurrenz unmöglich, so sind außerdem noch eine Reihe von Gründen vorhanden, die in derselben Richtung wirken, so die Ungleichheit der Betriebe in bezug auf Größe und Förderverhältnisse.

Andere Gründe, die einen Teil der Eisenindustrie veranlaßten, von der Vereinigung mit Kohlenzechen abzusehen, liegen in der Struktur der Werke selber. Für reine Werke kommt die Kohle nicht als Rohstoff in Betracht, sondern sie dient wie bei anderen Industrien als Kraftquelle. Hierfür war man in der Wahl der Qualität nicht so sehr beschränkt, und auf dem freien Markt boten sich hinreichende Versorgungsmöglichkeiten. Selbst bei einem solchen Verbrauch, wie ihn Werke wie Vickers oder Armstrong haben, die ohne Hochöfen sind, wurde der Kauf auf dem Markt noch als vorteilhaft angesehen [3]). Anders ist die Lage für Hochöfen. Der Massenverbrauch an Koks, den der Betrieb erfordert, macht an und für sich eine Verbindung mit der Kohle zur Notwendigkeit. Trotzdem hat man in England vielfach davon Abstand genommen. Einmal sind die englischen Öfen in der Regel kleiner als die deutschen und verfügen bei der Verhüttung von Hämatiterzen über einen reicheren Rohstoff, der nicht dieselbe Koksmenge zur Verhüttung braucht wie die ärmeren deutschen Erze. Sodann sind, wie wir gesehen haben, manche Hochofenwerke von geringem Umfang. Von den 107 Firmen des Jahres 1914 hatten 26 nur zwei Öfen [4]). Unter solchen Umständen läßt sich ein getrennter Koksbezug noch durchführen. In gewissem

---

[1]) Schumacher, Westdeutsche Eisenindustrie S. 37/38.
[2]) Whetham S. 180.
[3]) Wieser S. 66.
[4]) Journal of R. S. S. Bd. 77, S. 349.

Umfange ist auch noch eine Lagerhaltung möglich, die bei größeren Unternehmungen schon von vornherein mit Schwierigkeiten verknüpft ist. Allein die Platzfrage spricht dagegen.

Große Hochofenwerke und einige gemischte Betriebe waren auch in England im Besitze von Zechen. Wenn heute nur noch in Ausnahmefällen Kohle und Erz aus einem Schacht gefördert werden, wie es ehemals in manchen Teilen Englands und Schottlands gang und gäbe war, so wies doch immer das Nahebeieinanderliegen von Hütten und Zechen auf einen gemeinsamen Betrieb hin. Ferner scheint die Kohle durch das Aufkommen der fremden Konkurrenz in der Eisenindustrie eine Sonderstellung gewonnen zu haben. Durham und Südwales sind nicht nur die bedeutendsten Verkokungsplätze, sondern sie haben bei ihrer günstigen Lage zum Meere auch den größten Kohlenexport. Die Bedrängnis durch den fremden Wettbewerb ließ die Werke nach einer Ausgleichsmöglichkeit suchen, um den bisherigen Bilanzstatus aufrechtzuerhalten. Daher steigerten sie die Kohlenförderung und verkauften den Überschuß auf dem Markte. Der Erlös wurde dann zusammen mit den Erzeugnissen der angeschlossenen Hüttenbetriebe in der Bilanz ausgewiesen. Die 1904 von der Tariff Commission vernommenen Zeugen gaben die durch den Kohlenverkauf erzielten Gewinne verschiedentlich als die Hauptursache der günstigen Geschäftsergebnisse mancher Werke an.

Im Rückblick auf die Erz- und Kohlenversorgung läßt sich also sagen, daß bei beiden die Marktsicherheit groß genug war, so daß die Industrie nicht wie viele deutsche und amerikanische Werke zum Eigenbesitz zu greifen brauchte. Daran hat auch die bekannte Erscheinung, daß die Rohstoffpreise mehr stiegen als die Halb- und Fertigfabrikate, bei denen die verbilligende Wirkung der technischen Errungenschaften mehr zur Geltung kam, nichts geändert. Nur vorübergehend, um die Jahrhundertwende, haben die damaligen hohen Rohstoffpreise ein Angliederungsstreben ausgelöst [1]). Beim Erz kam die Abhängigkeit vom Auslande der Industrie nur wenig zum Bewußtsein. Die wichtigste Bezugsquelle, Spanien, stand vollständig offen. Nur ein kleiner Teil der dortigen sauren Erze schlug einen nicht nach England führenden Weg ein. Unter dem Gesichtspunkt der Marktsicherheit hat auch England dem Thomasverfahren Dank abzustatten. Es milderte die Rivalität zwischen ihm und Deutschland auf diesem Gebiete um ein beträchtliches herab.

Die Roheisenproduktion bildet die Grundlage der Eisenindustrie. Durch seine Überlegenheit auf dieser Stufe ist England fast ein Jahrhundert lang imstande gewesen, sich seine Vormachtstellung zu bewahren. Die Verwendung von Koks an Stelle der

---

[1]) Wieser S. 66.

immer seltener und teurer werdenden Holzkohle mußte in England, das nicht über den Waldreichtum des Kontinents und der nordischen Staaten verfügte, zuerst [1]) erfolgen. Der größte Holzverbraucher war der Hochofen. Es ist eine ganz natürliche Entwicklung, daß hier zuerst das Streben auftrat, sich vom Zwang des Rohstoffs zu befreien. In den ersten Jahrzehnten des 18. Jahrhunderts gelang es, Koks an die Stelle von Holzkohle treten zu lassen. Damit waren dem Großbetrieb in der englischen Eisenindustrie die Bahnen eröffnet. Der Koks verdrängte die Holzkohle immer mehr. 1806 gab es nur noch 11 Holzkohlenhochöfen [2]), die 7800 Tonnen Eisen produzierten bei einer Gesamterzeugung von 258 206 Tonnen.

Nicht so schnell gelang die Durchführung des Großbetriebes auf der nächsten Stufe, der Herstellung des schmiedbaren Eisens. Die Befreiung von der Holzkohle brachte hier im Jahre 1784 die Erfindung Henry Corts. Damit war ein Vorteil gewonnen. Allein es gelang nicht, den Großbetrieb beim Puddeln völlig zur Durchführung zu bringen, da die Mechanisierung des Prozesses nicht weit genug gediehen war, um die menschliche Arbeit in dem dafür erforderlichen Maße auszuschalten. Doch hatte England einen nur schwer einzuholenden Vorsprung vor den übrigen eisenerzeugenden Ländern erhalten, denn die schwächere Industrie des Kontinents mußte sich, als auch sie durch den Holzmangel in Bedrängnis geriet, mit der Wahl einer der beiden Errungenschaften begnügen [3]). Beides zugleich zu übernehmen ging in den meisten Fällen über ihre Kraft.

Die nächsten Verbesserungen, vor allem die Anwendung des heißen Windes durch den Schotten Neilson, betrafen wiederum die Roheisenindustrie. Sie steigerten die Produktivität des Hochofens in ganz außerordentlicher Weise. Das Puddelverfahren aber war bei seinem arbeitsintensiven Charakter nicht in der Lage, die ganze Erzeugung aufzunehmen. So wurde im Inlande die Nachfrage nach Roheisen von dem Angebot überflügelt. Das geschah besonders dort, wo die Erzeugung mehr als anderswo gesteigert war, nämlich in Schottland. Hier hatte sie sich von 37 500 Tonnen im Jahre 1830 auf eine Million im Jahre 1860 vermehrt. [4])

Zwei Wege boten sich dar, um dem Überangebot zu begegnen, ein natürlicher und ein künstlicher. Auf den natürlichen Weg wiesen schon die vorhandenen Verhältnisse, insbesondere die technische Überlegenheit der englischen Eisenindustrie, die ihr ermöglichte, weit unter den Kosten der Konkurrenz zu produzieren.

---

[1]) Schumacher, Westdeutsche Eisenindustrie S. 7.
[2]) Hood S. 90.
[3]) Schumacher, Westdeutsche Eisenindustrie S. 9.
[4]) Diese und die folgende Zahl nach Hood S. 97.

Der Absatz wurde ausgedehnt über den Inlandsmarkt hinaus. Hatte der Export schon vorher beträchtliche Mengen umfaßt, so wuchs er bald ins Ungeheuerliche. 1852 betrug er 1 045 884 Tonnen. Schottland wurde das Zentrum der Ausfuhr. Die vorzüglichen Qualitäten seines Gießereiroheisens, besonders die für den Gießereibetrieb so außerordentlich wichtige Eigenschaft der Gleichmäßigkeit, der hohe ihm innewohnende Gehalt an Silizium, damals als solcher allerdings nicht bekannt, machten es bald in aller Welt berühmt. Als die schottischen Erzvorräte sich verringerten, trat das Cleveländer Roheisen an seine Stelle. Es kam ihm zwar an Güte nicht ganz gleich, hatte dafür aber den Vorzug größerer Billigkeit.

Der zweite Weg, der eingeschlagen wurde, um den Produzenten eine Erleichterung zu bringen, war die Organisation des Absatzes. — Für den Roheisenfabrikanten, den Hochofenbesitzer, war es wesentlich, daß die Kontinuität des Betriebes keiner Gefährdung ausgesetzt war, wie sie durch Absatzstockungen nahegerückt wurde. Daher mußten Produktion und Absatz voneinander getrennt werden. Die Sorge für den Absatz wurde dem Hochofenbesitzer abgenommen und auf besondere Schultern gelegt. Aus der schwierigen Lage der schottischen Werke zu Anfang der fünfziger Jahre des letzten Jahrhunderts ist der schottische Warrantmarkt entstanden, der Glasgow zum ersten Eisenhandelsplatz der Welt machte und die Stellung der englischen Eisenindustrie sehr festigte.

Viel ist über den Warrantmarkt geschrieben worden. Die damit verbundenen Probleme sollen hier nicht erörtert werden. Es genügt zu sagen, daß er wie jede derartige Einrichtung seine guten und seine schlechten Seiten hatte. Das für die Organisation der Eisenindustrie Belangreiche war jedenfalls das stete Vorhandensein eines großen Angebots an Roheisen, das eine preissenkende Wirkung ausübte.

Warrantmarkt und Export setzten schon die Tätigkeit des Handels voraus. Natürliche und historische Gründe haben diesen im englischen Wirtschaftsleben eine besondere Stellung gewinnen lassen. Es ist deshalb nicht zu verwundern, daß er sich auch in der Eisenindustrie sein Betätigungsfeld gesucht hat, wo die Eigenart der Absatzverhältnisse und später auch des Rohstoffbezuges ihn dazu aufforderte. Die Bedeutung des Eisenhandels ist in keinem anderen Lande so groß wie in England. Sie kann geradezu als ein Charakteristikum der Industrie bezeichnet werden. In einer Zuschrift von Händlerseite an die bekannte Fachzeitschrift „The Ironmonger“ [1]) wurde behauptet, daß das gesamte im heimischen und Exporthandel investierte Kapital dem in der Industrie

[1]) The Ironmonger 20. 6. 18.

selbst arbeitenden gleichkäme, wenn es nicht mehr wäre. Eine etwas unwahrscheinlich klingende Behauptung, deren Richtigkeit sich schwer nachweisen läßt, die aber, selbst wenn sie falsch sein sollte, das Verhältnis von Eisenhandel und Eisenindustrie kennzeichnet. Nach außen ist es der Export, nach innen die örtliche Differenzierung der Industrie, die Verschiedenheit der hergestellten und nachgefragten Qualitäten, sowie das Bestehen der reinen Werke, die immer noch dem Handel Existenzberechtigung geben.

Fragt man, wie die drei Besonderheiten der Roheisenindustrie auf die Organisation gewirkt haben, so lautet die Antwort, daß sie alle drei in einer Richtung wirkten, nämlich desintegrierend. Sie verstärkten sich. Der Export schuf einen großen Roheisenmarkt mit einem über die Inlandsnachfrage hinausgehenden Angebot. Warrants und ein intensiver Handel sind die Zeichen eines wohlentwickelten Marktes, um die vorhandenen Produktionsmengen abzusetzen. Derartige Verteuerungen, wie sie infolge des Schutzzolles und der Kartellierungsmaßnahmen der Hochofenwerke in Deutschland von den Werken getragen werden mußten, kamen nicht in Frage. Ein Zoll wurde nicht erhoben. Aber auch mit einem solchen hätte kaum ein Anlaß zur Furcht bestanden, da die Tätigkeit des Handels und des Warrantmarktes schon genügt hätte, um Kartelle so gut wie unwirksam zu machen und durch eine scharfe Konkurrenz auch die Zwischengewinne niedrig zu halten. Die Marktverhältnisse boten somit der nächsten Produktionsstufe, den Stahlwerken, keine Veranlassung, sich um die Sicherheit ihres Roheisenbezuges zu beunruhigen.

Als Abnehmer der Stahlwerke fungieren die Walzwerke und im weiteren die Fertigindustrien, Schiffbau, Maschinenindustrie und andere. Zunächst handelt es sich um die Walzwerke. Auch hier besteht ein Unterschied in den deutschen und englischen Verhältnissen. Bekannt ist in Deutschland der Kampf der reinen Walzwerke gegen die gemischten Werke, der viel Staub aufgewirbelt hat. Jene vermochten sich gegen die technische und wirtschaftliche Überlegenheit ihrer Gegner nicht zu halten und sind der Konzentrationsbewegung zum Opfer gefallen. Nur wo sie sich als Spezialisten entwickelten und „die Herstellung von schwierigen, viel Zeit und Genauigkeit und persönliche Arbeitsleistung erfordernder Walzprodukte“ aufnahmen, blieb ihnen die Aussicht auf eine weitere Existenz, denn hier kamen die Vorteile des Großbetriebes weniger zur Geltung.

In England muß die Zahl der reinen Walzwerke überraschen. Die technischen Gründe, die ihnen das Dasein gestatteten, sind bereits erwähnt. Die Vorteile des gemischten Betriebes kamen ihnen gegenüber nicht so sehr zur Geltung. Wirtschaftlich gesehen liegt der Grund in der auf dieser Stufe sich bietenden Marktsicherheit. Ihnen kam in der Vorkriegszeit der unter den heimischen Stahlwerken herrschende Konkurrenzkampf zugute und vor allen Dingen der Import fremden Halbzeugs, der einerseits die Konkurrenz unter den englischen Stahlwerken noch verschärfte und ihr einen dauernden Charakter beilegte, andererseits die reinen Walzwerke von der ihren deutschen Genossen zum Verhängnis gewordenen Abhängigkeit von ihren Konkurrenten, als die ja die Stahlwerke ebenfalls zu gelten haben, befreit. Die Marktsicherheit wurzelte also anders als in der Roheisenindustrie hier weniger in der inneren Struktur der Industrie als in von außen hereingetragenen Erscheinungen.

So war auf allen Stufen der Eisenerzeugung, vom Erz bis zum Walzfabrikat, eine ausreichende Marktsicherheit vorhanden, die ein Angliederungsstreben aus diesem Grunde im großen und ganzen als unnötig erscheinen ließ.

### 2. Das Angliederungsstreben in Richtung des Absatzes.

#### a) Die Triebkräfte auf seiten des Absatzes.

Wie das Streben nach Kontinuität der Produktion zur Angliederung der Rohstoffversorgung führt, so vermag es sich in gleicher Weise auf dem Gebiete des Absatzes zu betätigen. Hier soll die Marktsicherheit hergestellt werden, um die Produkte von den Gefahren zu befreien, die ihnen im Absatz drohen, und von dieser Seite eine Stillegung des Betriebes zu verhüten. Beim Absatz kann zwar das mit der „Antizipation des Bedarfes“ verbundene wirtschaftliche Risiko nicht beseitigt werden, wohl aber ist es zu mindern. Dasselbe kann geschehen mit einem zweiten Risiko, dem Zusatzrisiko, welches durch das Walten des freien Wettbewerbes zur Entstehung kommt. Hier kann die Beschränkung sogar zur völligen Beseitigung werden. Gegen das doppelte Risiko ist eine dreifache Abwehr möglich[1]).

Der einfachste Weg ist die Abwälzung des Risikos durch Angliederung der folgenden Produktionstufen. „Man schiebt möglichst Zwischenglieder zwischen sich und den Markt ein, welche die Stöße vom Markt her auffangen sollen“[2]). Dies Verfahren ist nicht immer durchführbar. Die Voraussetzung dazu ist eine Proportionalität der in den einzelnen Zweigen benötigten Stoffmengen, wie sie in der Eisenindustrie besteht oder sich doch leicht herstellen läßt, dagegen nicht in der Textilindustrie. Von der Gegenseite betrachtet kann sich dies Streben als eine Sicherung des Rohstoffbezuges herausstellen. Die beiden Tendenzen können sich also verstärken. Immer wird aber das stärker Wirkende dem konkreten Vorgang seinen Charakter aufprägen. Allbekannte Beispiele für die Abwälzung des Risikos sind die Verbindungen

---

[1]) Vergleiche Schumacher, Weltw. Studien S. 173.

[2]) Beckmann, S 12.

der großen Stahlwerke mit den verschiedensten Walzwerksunternehmungen oder den Werken der Fertigindustrie — Werften, Elektrizitätsgesellschaften, Automobilfabriken, Maschinenbauanstalten und anderen.

Eine andere Lösung ist die Minderung des Risikos durch einen Ausgleich. Erfahrungsgemäß sind die Konjunkturverhältnisse in den einzelnen Industriezweigen niemals ganz gleich, und ebenso gibt es Unterschiede örtlicher Natur. Es ist also auf zweierlei Weise möglich, zu einem Risikoausgleich zu kommen, entweder durch Angliederung von Unternehmungen in verschiedenen Industrien oder durch Gründung von Werken in verschiedenen Wirtschaftsgebieten. Die Angliederung von verschiedenen Zweigen derselben Industrie kann man nicht als einen Risikoausgleich betrachten, höchstens als ein Surrogat, denn die Konjunkturverhältnisse innerhalb eines Gewerbezweiges sind in der Regel zu gleichmäßig und zu leicht auf die verschiedenen Branchen übertragbar. Die Angliederungen dieser Art fallen daher immer unter den ersten Begriff der Risikoabwälzung. Beispiele für einen Risikoausgleich sind in der Eisenindustrie recht selten zu finden, vor allen Dingen vor dem Kriege. Ein solches Vorgehen bringt die Gefahr der Kräftezersplitterung mit sich. Außerdem ist eine sehr große Kapitalkraft die Voraussetzung, wenn wirklich ein ebenbürtiger Ausgleich gewonnen werden soll. Als derartigen Ausgleich kann man wohl den Kohlenbesitz einiger englischer, auch deutscher Werke ansprechen, soweit er den Bedarf der angeschlossenen Betriebe übersteigt und auf dem Markte zum Verkauf gelangt. Nach dem Kriege haben sich solche Beispiele gemehrt, und wir werden noch einmal darauf zurückkommen müssen. Ein örtlicher Risikoausgleich wurde durch die Niederlassung großer englischer Eisenwerke und Schiffbauer in Italien erstrebt, die sich dorthin begaben, als die italienische Regierung dem Schiffbau des Landes durch Subvention [1]) zu Hilfe kam. Auch anderswo, in Rußland und Japan, wurden aus dem gleichen Grunde englische Werke errichtet.

Die Abwälzung des Risikos führt zum vertikalen Zusammenschluß. Das bildet den Unterschied zum dritten und letzten Mittel, welches in erster Linie dazu bestimmt ist, die Verschärfung des Risikos zu beseitigen, die durch den freien Wettbewerb entsteht. Es ist der branchenmäßige Zusammenschluß der Unternehmungen. Von den monopolistischen Vereinigungen, die eine Sonderstellung in der Konzentrationsbewegung einnehmen, soll hier nicht die Rede sein. Zu einer Verringerung des Risikos genügt jedoch schon ein Zusammenschluß einzelner Konkurrenten, die unter sich den verderblichen Wettbewerb beseitigen. Hier

---

[1]) Huldermann, Albert Ballin S. 116.

kommen nicht nach Art verschiedene, sondern gleiche Werke zusammen. Die Richtung der Bewegung ist horizontal. Will man es mit dem übrigen auf einen Nenner bringen, so kann man dies als eine Teilung des Risikos bezeichnen. Durch den Zusammenschluß wird eine verstärkte Stellung auf dem Markt gewonnen. Dieser Weg ist für die eisenschaffende Industrie besonders wichtig. Die Vorteile auf dem Gebiete der Produktion, die an und für sich schon hinreichen, um einen Zusammenschluß der Betriebe zu bewerkstelligen, kommen der eisenschaffenden Industrie weniger zugute als den eisenverarbeitenden Zweigen, weil in ihr das Prinzip der Massenfabrikation schon herrscht, welches beim Zusammenschluß kleinerer Unternehmungen oft erst mit diesem Zeitpunkt ins Leben gerufen oder doch vervollkommnet wird. Allerdings tritt auch in der eisenschaffenden Industrie bei einer Vereinigung gleichgerichteter Betriebe der Charakter der Massenproduktion noch mehr hervor, aber eine wirkliche Intensivierung der Produktion läßt sich in den Fertigindustrien besser erreichen. Nur in den Walzwerksbetrieben, die gewissermaßen den Übergang von einem zum andern bilden, bestehen ähnliche Verbesserungsmöglichkeiten. Wenn daher nicht besondere Rücksichten auf die angeschlossenen Verfeinerungsbetriebe bei einem Zusammenschluß von Werken der unteren Produktionsstufen mitwirkend gewesen sind, so pflegen die Ursachen des Zusammenschlusses regelmäßig in dem Bestreben nach Minderung der Konkurrenz begründet zu sein. Überhaupt, je gleichartiger die Unternehmen sind, um so mehr stehen die Konkurrenzverhältnisse im Vordergrunde.

### b) Die Entwicklung der Marktsicherheit.

Betrachtet man die Entwicklung der Marktsicherheit in England auf dem Gebiete des Absatzes, so sieht man auf den ersten Blick, daß sie ursprünglich außerordentlich groß war. Verschiedene Umstände kamen dabei zu Hilfe. England war lange Zeit die einzige industrielle Nation, die keinen Rivalen zur Seite hatte. Die technisch-wirtschaftliche Überlegenheit, verstärkt durch selten günstige natürliche Momente, gab der Industrie ihre Monopolstellung, die lange noch nachwirkte, als die eigentlichen Voraussetzungen dazu schon geschwunden waren. Mit Recht sagt Martin[1]: „Der althergebrachte Besitz der Nachfrage bedeutete für Großbritannien ein Kapital, ein Vermögen.“ Ein mächtiger Handel und die größte Schiffahrt der Welt gewährten eine weitreichende Unterstützung. So erklärt es sich, daß das Dogma der freien Konkurrenz lange Zeit aufrechterhalten wurde und in Theorie und Praxis als unumstößlich galt. Die Größe des Absatzes ermöglichte es, daß die Unternehmungen im Konkurrenz-

---

[1]) Martin S. 7.

kampf nicht so hart aufeinanderstießen, wie es unter den engeren Verhältnissen des deutschen Marktes, bei der Massenproduktion der Werke und unter dem Druck der internationalen Konkurrenz der Fall war. Die Schattenseiten der freien Konkurrenz machten sich in England nicht so unmittelbar geltend. Daher gefährdeten sie auch nicht die Marktsicherheit.

Die Wandlung trat erst in den letzten Jahrzehnten des verflossenen Jahrhunderts ein, als, wie oben geschildert wurde, die Absatzgebiete verlorengingen und die Konkurrenz des Auslandes in steigendem Maße an Boden gewann. Aber selbst diese Entwicklung hätte keine so großen Folgen für die Organisation der Eisenindustrie gehabt, wenn sie nicht auch ganz besonders das Reservatgebiet, den Inlandsmarkt, getroffen hätte, auf dem bei seiner geringen Ausdehnungsfähigkeit ein Import noch ganz anders ins Gewicht fallen mußte als die Zunahme der Konkurrenz auf dem Auslandsmarkte, wo sich dem Absatz immer noch bessere Aussichten boten. Durch die fremde Konkurrenz ist die Marktsicherheit direkt und indirekt gestört worden, indirekt, denn sie verschärfte auch die Konkurrenz unter den englischen Werken selber. Wenn im Rohstoffbezug die Lage vor dem Kriege noch als genügend gesichert gelten konnte, so war im Absatz das Gegenteil eingetreten: auf der englischen Eisenindustrie lastete eine drückende Konkurrenz.

Folgerichtig mußte das Streben einsetzen, der Marktunsicherheit Herr zu werden. Ein Schutzzoll kam nicht in Frage, wie der Chamberlainsche Kampf um die Tariff-Reform bewies, ebensowenig ein Selbstschutz durch eine umfassende Verbandsbildung. So wurden die Absatzverhältnisse zum Antrieb für die Konzentrationsbewegung. Sie ist hauptsächlich in Richtung des Absatzes erfolgt. Der beste Beweis dafür ist, abgesehen von dem Verlaufe der Konzentration selber, die Tatsache, daß sie mit dem Wachsen der ausländischen Konkurrenz begann und mit deren Ausdehnung an Stärke wuchs. Von 1895 stieg der Eisenimport. der damals einen Wert von 4 421 000 Pfund hatte, auf 7 617 000 im Jahre 1900 und auf 9 291 000 im Jahre 1910. Er hatte sich also innerhalb von 15 Jahren mehr als verdoppelt. Bis 1913 hatte er sich nahezu vervierfacht [1]). In diese Zeit fallen auch die meisten und bedeutendsten Zusammenschlüsse. Kurz nach der Jahrhundertwende sind sie besonders zahlreich.

Damit soll nicht gesagt sein, daß andere Momente, technische wie wirtschaftliche, solche auf dem Gebiete der Produktion wie des Absatzes, ausgeschaltet seien. Das ist niemals der Fall. Es sind immer eine Reihe von Gesichtspunkten, die bei der Mannigfaltigkeit der Betriebe in Betracht kommen, zumal es sich bei

[1]) After War Report. Appendix B. S. 23 (Für 1895 ergänzt.)

einem Zusammenschluß auch immer um mehrere Parteien handelt. Aber augenscheinlich lag das Schwergewicht auf seiten des Absatzes.

### c) Verlauf der Konzentrationsbewegung in Richtung des Absatzes vor dem Kriege.

Daran anschließend sind zwei Fragen zu erörtern. Die erste lautet: Wo und auf welcher Stufe des Produktionsprozesses setzte die Konzentration ein? Denn, wie die ganze Stufenfolge unter dem Gesichtspunkt des Rohstoffbezuges betrachtet werden kann, so ist auch das Umgekehrte möglich, den Absatz voranzustellen. Die Konzentration hätte also auf jeder Stufe einsetzen können.

Die Beantwortung der Frage ist einfach. Wo der Druck am schwersten empfunden wurde, war die Neigung zum Zusammenschluß am größten. Unzweifelhaft litten am meisten die Stahlwerke. Sie stehen daher im Mittelpunkt der Bewegung.

Damit kommen wir zur nächsten Frage, der Frage nach der Art des Verlaufes. Im Wege der Konzentrationsbewegung war, wie wir sahen, die Minderung des Risikos in dreifacher Weise zu erreichen: durch Abwälzung des Risikos, durch Risikoausgleich und durch Zusammenfassung der Konkurrenten, durch Teilung des Risikos.

Alle drei Wege sind in England eingeschlagen worden. In dem Buche Macrostys[1]) über das Trustwesen in der britischen Industrie ist die Entstehung der hervorragendsten Werke der englischen Eisen- und Stahlindustrie geschildert worden. Für den Zweck dieser Darstellung genügt es, kurz darauf Bezug zu nehmen. Sicherung des Absatzes durch Abwälzung des Risikos tritt deutlich in Erscheinung bei Werken wie Bolckow, Armstrong, Vickers, Cammel, Dorman, Long and Co., John Brown and Co., Baldwin Ltd., der Pearson and Knowles Coal and Iron Co., und der Rohstoffirma Pease and Partners. Überall, im Schiffbau, in der Maschinenindustrie, in der Fabrikation von Panzerplatten und Heeresgerät, in der Herstellung von Eisenbahnmaterial, wo nur immer die Gewißheit zur Ausdehnung des Absatzes gegeben schien, haben sich die großen Werke hineingeschoben. Gerade die großen Werke waren die Träger der Bewegung. Bei ihnen mußte das Kontinuitätsstreben ganz besonders stark zur Geltung kommen und sie zwingen, über die unteren Stufen der Walzwerksindustrie hinauszugreifen, um dem Import, der hier besonders stark war, auszuweichen.

Der zweite Weg ist nur von wenigen beschritten worden.

---

[1]) Macrosty, Deutsche Ausgabe S. 22 ff.

Hier sind die ausländischen Niederlassungen von Vickers, Cammels und Armstrongs zu erwähnen.

Um so wichtiger ist der dritte Weg, die Verminderung der Konkurrenz durch Zusammenschluß der Konkurrenten. Man kann ohne weiteres behaupten, daß dies Motiv das eigentlich ausschlaggebende war. Darunter kamen die meisten Zusammenschlüsse zustande. Der Dormankonzern, die Furneßgruppe, Guest, Keen and Nettlefolds, Baldwin, John Brown und andere gehören hierher, vor allem aber solche Gebilde wie die Rivet, Nut and Bolt Co., welche im Jahre 1900 aus 15 verschiedenen schottischen Firmen entstanden ist. Ferner die beiden im Jahre 1912 erfolgten Gründungen der Scottish Iron and Steel Co. und der Scottish Tube Co., von denen sich die erste Gesellschaft aus 15 Firmen zusammensetzt. Gerade hier ist das Streben nach Regelung der Konkurrenz zu beobachten, und der von Wieser[1]) angegebene Grund auf dem Gebiete der Produktion verdient nur als angenehme Beigabe Erwähnung[2]). Die Scottish Tube Co.[3]) besteht aus fünf Röhrenwerken, denen später noch drei hinzugefügt wurden. Sie kann als Gegenstück zu Stewards und Lloyds bezeichnet werden, welche Macrosty erwähnt. Sie sind ebenfalls aus einer Fusion von Röhrenwerken entstanden.

Daß das Überwiegen der horizontalen Richtung im Organisationsstreben auch Vorteile auf dem Gebiete der Produktion mit sich brachte und gerade in diesem Umstand eine weitere Stütze fand, ist bereits angedeutet worden.

Wie im Rohstoffbezug macht sich auch im Absatz die bevorzugte Lage Englands geltend. Deshalb brauchte die Industrie nicht im Handel und im Transportwesen festen Fuß zu fassen, was in Deutschland und den Vereinigten Staaten geschah, um die Ungunst der natürlichen Verhältnisse auszugleichen. Die größten Entfernungen waren im Bezug der Auslandserze zu überwinden. Hier wurde die Höhe der Frachten durch die Trampschiffahrt und die Benutzung der Kohle als Rückfracht auf einem solchen Stande gehalten, daß nichts zum Eingriff in das Transportwesen verleitete und die geringe Stetigkeit der Frachten mit in Kauf genommen wurde. Von der Machtstellung des Handels in allen Zweigen der Eisenindustrie ist bereits die Rede gewesen. Zu so engen Beziehungen, wie sie in Deutschland zwischen lothringischen Werken und einigen Handelsfirmen bestanden, scheinen sie aber nicht geführt zu haben, obwohl die Gelegenheit dazu günstig war, denn die Finanzierung der Werke, vornehmlich der kleinen, erfolgte oftmals von Händlerseite[4]).

---

1) Wieser S. 40.
2) Ironmonger 9. 3. 12.
3) Economist 5. 4. 12.
4) Economist 10. 7. 18.

### d) Die Politik der Banken.

Ganz ähnlich steht es mit einer anderen Triebkraft, die in Deutschland die Konzentrationsbewegung nicht unerheblich gefördert hat. Es sind die Banken, deren Grundsatz in Deutschland „die bewußte Förderung der Konzentration“ war [1]). Die englischen Banken verdanken ihren Ursprung den Bedürfnissen des Handels. Sie sind infolgedessen mehr auf das Handelsgeschäft mit seinen Eigenheiten zugeschnitten und stehen nicht in denselben engen Beziehungen zur Industrie, die später als sie ins Leben getreten ist, wie die deutschen Banken. Das Verlangen danach war auch auf seiten der englischen Industrie viel geringer, da die Werke nicht in derselben Art und Weise auf die Unterstützung der Banken angewiesen waren.

## 3. Vergleich Deutschland—England.

Vergleicht man die Betriebs- und Unternehmungskombination in England und Deutschland miteinander, so ergeben sich einige bemerkenswerte Unterschiede.

Das Zurücktreten der Betriebskombination in England führte zum Überwiegen der unternehmungsweisen Kombination. Während die Unternehmungskombination in Deutschland sich vor allen Dingen auf dem Gebiete der Rohstoffversorgung betätigte und weniger auf dem Gebiete des Absatzes, wo ihr ein Teil der Aufgaben durch die Verbandsbildung abgenommen wurde, lag in England hier das Hauptgewicht.

Daneben ragt in England die horizontale Richtung der Kombination hervor, welche aus dem Bestreben entstanden ist, die Konkurrenz zu mindern und den Werken eine vermehrte Stoßkraft auf dem Markt zu geben. Mit etwas Großzügigkeit kann man die Sache dahin charakterisieren, daß wie die deutsche Industrie fester verwurzelt war in den Rohstoffen, die englischen Werke mehr hineinragten in die Fertigindustrien.

Demnach sind auch die Träger des Zusammenschlußgedankens verschieden. Die hervorragende Rolle des Hochofens kommt für die englischen Verhältnisse weniger zur Geltung. Hier war es die Stahlwerksindustrie, die in höherem Maße als die Roheisenindustrie den Ausgangspunkt bot. Die englische Konzentrationsbewegung war weniger von innen heraus entwickelt als durch äußere Einflüsse, nämlich durch die fremde Konkurrenz.

---

[1]) Jeidels S. 268.

## III. Das Ergebnis.

### 1. Die Mängel der Organisation.

Wirft man am Ende dieses Teiles den Blick zurück, um den eingangs aufgestellten Vergleich zwischen der englischen, deutschen und amerikanischen Eisenindustrie zu wiederholen, so treten nunmehr die Mängel der englischen Eisenindustrie deutlich hervor.

In betriebstechnischer Hinsicht lagen die Mängel in der geringen Verbreitung moderner Massenproduktion und in dem Fehlen des gemischten Betriebes, verbunden mit einer allgemeinen technischen Rückständigkeit. Dazu gesellt sich in wirtschaftlich-organisatorischer Beziehung eine geringere Geschlossenheit und Größe der Einzelunternehmung. Auf das Ganze übertragen, bedeutet es technische Rückständigkeit einerseits, und andererseits, wenn man die wirtschaftlichen Mängel hervorheben will, eine größere Abhängigkeit vom Auslande und eine geringere Widerstandskraft im Kampf um den Absatz.

Das ist das Bild, welches die englische Eisenindustrie vor Kriegsausbruch dem Beschauer bietet. Den Gesamteindruck vermögen auch einzelne Ausnahmen in dieser oder jener Beziehung nicht zu ändern.

### 2. Die Notwendigkeit der Reorganisation.

Führt man den Vergleich weiter fort und betrachtet die Konkurrenzverhältnisse der drei Industrien, so zeigen sich auch die praktischen Auswirkungen jener Mängel und damit die Notwendigkeit der Reorganisation. Die englische Eisenindustrie hatte ihre Konkurrenzfähigkeit gegenüber dem deutschen und amerikanischen Wettbewerb verloren. „When a firm decays its degeneration is marked by a high cost of production.“ Wollte man diesen Satz entsprechend anwenden, so müßte man der englischen Eisenindustrie nachweisen, daß sie mit höheren Produktionskosten arbeitete als die deutsche oder amerikanische. Solche vergleichenden Nachweise sind auch des öfteren versucht worden. Zu sicheren Resultaten haben sie kaum geführt. Bekanntlich gibt es nicht zwei Werke, die unter gleichen Verhältnissen arbeiten, wieviel weniger ganze Industrien. Verläßliche Durchschnittskosten lassen sich nicht aufstellen, selbst wenn man noch so viele Einzelheiten berücksichtigt. Das Ergebnis ist immer sehr problematischer Natur. Auch im vorliegenden Fall war es leider nicht möglich, ein genügendes Material für die Zeiten vor dem Kriege zu erhalten. Zu einem sehr interessanten Ergebnis, das auch einen mittelbaren Schluß auf die beiderseitigen Produktionskosten zuläßt, kommt man, wenn man die Preise von Luxemburger Roheisen Nr. III und das ihm ungefähr entsprechende Cleveländer Nr. III, sowie die durchschnittlichen Handelspreise für englische Stahlbleche und deutsche Kesselbleche miteinander in bezug auf ihre Höhe vergleicht, ohne die sonstigen Umstände in der Preisbildung und ähnliches zu bewerten.

Preisvergleich zwischen 1. Cleveland Nr. III f. o. b. (realised), 2. Luxemburger Nr. III. Durchschnittshandelspreis.

| Jahr | Cleveland Nr. III | Luxemburger Nr. III |
|---|---|---|
| 1880 | 41 sh. 7 d. | 60 M. |
| 1885 | 33 „ 6 „ | 30 „ |
| 1890 | 47 „ 8 „ | 77 „ |
| 1891 | 45 „ — „ | 50 „ |
| 1892 | 38 „ 5 „ | 48 „ |
| 1893 | 34 „ 6 „ | 44 „ |
| 1894 | 35 „ 3 „ | 44 „ |
| 1895 | 35 „ 2 „ | 44 „ |
| 1896 | 37 „ 6 „ | 50 „ |
| 1897 | 40 „ — „ | 55 „ |
| 1898 | 50 „ ½ „ | 52 „ |
| 1899 | 53 „ — „ | 82 „ |
| 1900 | 68 „ ½ „ | 90 „ |
| 1901 | 47 „ 2 „ | 45 „ |
| 1902 | 46 „ 10 „ | 50 „ |
| 1903 | 46 „ 6 „ | 52 „ |
| 1904 | 42 „ 10 „ | 52 „ |
| 1905 | 46 „ 6 „ | 68 „ |
| 1906 | 51 „ 3 „ | 68 „ |
| 1907 | 55 „ 10 „ | 73 „ |
| 1908 | 50 „ 1 „ | 54 „ |
| 1909 | 48 „ 6 „ | 47 „ |
| 1910 | 50 „ 6 „ | 55 „ |
| 1911 | 48 „ 5 „ | 52 „ |
| 1912 | 53 „ 2 „ | 58 „ |
| 1913 | 60 „ — „ | 65 „ |
| 1914 | 51 „ 1 „ | 64 „ |

Zu 1. Nach Mines and Quarries, Jahrgang 1912, und ICTR. 31. 12. 20.
Zu 2. Nach Müßig, Seite 203.

Preisvergleich zwischen 1. englischen Stahlblechen, 2. deutschen Kesselblechen.

Vierteljahrsweise = I. — II. — III. — IV.

| Jahr | Engl. Stahlbleche | Deutsche Kesselbleche |
|---|---|---|
| **1894** | | |
| I. | 106 sh. 3 d. | 157,50 M. |
| II. | 103 ,, 9 ,, | ,, ,, |
| III. | 100 ,, — ,, | ,, ,, |
| IV. | 96 ,, 3 ,, | ,, ,, |
| **1900** | | |
| I. | 160 ,, | |
| II. | 167 ,, 6 ,, | 212,50 ,, |
| III. | 170 ,, | 217,50 ,, |
| IV. | 160 ,, | ,, ,, |
| **1905** | | |
| I. | 135 ,, | 130,— ,, |
| II. | 137 ,, 6 ,, | ,, ,, |
| III. | 137 ,, | ,, ,, |
| IV. | 130 ,, | ,, ,, |
| **1910** | | |
| I. | 120 ,, | 127,50 ,, |
| II. | 130 ,, | 127,— ,, |
| III. | 130 ,, | 130,— ,, |
| IV. | 135 ,, | 132,— ,, |
| **1911** | | |
| I. | 135 ,, | 133,— ,, |
| II. | 135 ,, | 133,— ,, |
| III. | 135 ,, | 132,— ,, |
| IV. | 135 ,, | 131,— ,, |
| **1912** | | |
| I. | 140 ,, | 138,— ,, |
| II. | 145 ,, | 138,— ,, |
| III. | 147 ,, | 138,— ,, |
| IV. | 160 ,, | 138,— ,, |
| **1913** | | |
| I. | 165 ,, | 143,50 ,, |
| II. | 160 ,, | 138,33 ,, |
| III. | 160 ,, | 125,16 ,, |
| IV. | 140 ,, | 113,33 ,, |
| **1914** | | |
| I. | 125 ,, | 113,— ,, |
| II. | 120 ,, | 110,90 ,, |
| III. | 120 ,, | 112,— ,, |
| IV. | — | — |

**Zu 1. Nach Gemeinfaßl. Darstellung, S. 415—16.**
**Zu 2. Nach Gemeinfaßl. Darstellung, S. 415—16.**

Da zeigt es sich, daß auf der Stufe der Roheisenerzeugung der englische Preis mit wenigen Ausnahmen unter dem deutschen liegt. Das ist merkwürdig angesichts der Tatsache, daß auch auf diesem Gebiete in England eine Rückständigkeit festzustellen war. Des Rätsels Lösung liegt in dem Umstande, daß auf dieser Stufe die natürlichen Vorteile der Lage ganz besonders ins Gewicht fallen. Bei den Blechen fällt der Vergleich entschieden zuungunsten der englischen Werke aus. Seit der Jahrhundertwende etwa beginnt der deutsche Preis unter den englischen zu sinken, um immer größere Spannungen zu erreichen. Es zeigt sich hier die Wirkung der deutschen Rationalisierungsmaßnahmen im Produktionsprozeß. Die englischen Fortschritte waren geringer. Auf dem Gebiete der Technik hatte England die lange innegehabte Führerstellung verloren.

Im Export tritt die Konkurrenzunfähigkeit klar zutage. 1913 blieb zum ersten Male der englische Export hinter dem deutschen zurück, nachdem schon in den Jahren zuvor eine starke Annäherung zu verzeichnen war. Dem Werte nach verhielten sich die Exportziffern der drei Eisenindustrien folgendermaßen (in 1000 engl. Pfund Sterling):

| Jahr | England | Deutschland | Vereinigte Staaten |
|---|---|---|---|
| 1909 | 38 690 | 28 465 | 12 768 |
| 1910 | 43 441 | 33 871 | 16 585 |
| 1911 | 44 172 | 40 344 | 21 311 |
| 1912 | 48 996 | 48 036 | 21 311 |
| 1913 | 54 692 | 55 683 | 30 275 [1] |

In allen drei Fällen handelt es sich, wie die Untersuchungskommission besonders hervorhebt, um die gleichen Fabrikate, so daß eine zuverlässige Vergleichsgrundlage gegeben ist.

Um die volle Tragweite dieser Entwicklung zu ermessen, muß man von der Stellung der Eisenindustrie im englischen Wirtschaftsleben ausgehen. In der ersten Dekade dieses Jahrhunderts hatte die bis dahin führende englische Industrie, die alte mächtige Textilindustrie, ihren Spitzenplatz unter den Gewerben an die Eisenindustrie abgeben müssen. Obwohl genaue Schätzungen nicht vorliegen, geht doch die Ansicht der Sachverständigen dahin, daß das in der Eisenindustrie angelegte Kapital das in den Textilindustrien arbeitende übertrifft [2]). Nicht anders ist das Ergebnis, wenn die Zahlen der in beiden Industrien Beschäftigten miteinander verglichen werden. Im Jahre 1907 beschäftigte die Eisenindustrie mitsamt den ihr angeschlossenen Werften und Maschinen-

[1]) After War Report S. 25.
[2]) Times, Annual Financial Review 17. 1. 12.

fabriken 12 % oder 1¼ Millionen der gewerblich tätigen männlichen Bevölkerung. Sie hat einen wenn auch nur knappen Vorsprung vor der Textilindustrie mit ihren 1 087 223 Angestellten [1]).

Entscheidend, sowohl für ihr Rangverhältnis zur Textilindustrie als auch für ihre Bedeutung im allgemeinen, ist eine Betrachtung der Eisenindustrie unter dem Gesichtswinkel des Exports. England ist noch mehr als Deutschland auf den Export angewiesen. „It lives by its exports!" Der Wert der im Jahre 1907 von der Eisenindustrie und den ihr angeschlossenen Betrieben erzeugten Güter betrug 250 Mill. Pfund, von denen für 180 Millionen exportiert wurden. Im selben Jahre exportierte die Textilindustrie für 203 Millionen Pfund [2]). Sie besaß also ein erhebliches Übergewicht. Aber wenn man berücksichtigt, daß die Textilindustrie viel größere Werte an Rohstoffen importieren muß als die Eisenindustrie, so wird man Sir Hugh Bell beistimmen können, daß die Eisenindustrie den ersten Platz einnimmt, zumal sich auf ihr eine große Zahl anderer Industriezweige aufbaut. Unter solchen Umständen mußte das Zurückbleiben der Produktionsziffern hinter denen der deutschen und amerikanischen Industrien als beängstigend empfunden werden. Vollends die Überflügelung im Export brachte eine geradezu alarmierende Wirkung hervor. — Daß auch politische Fragen von dieser Entwicklung der Dinge nicht ganz unberührt blieben, zeigt die Erwägung, daß, wie das große englische Weltreich gleichlaufend mit der Entfaltung seiner Wirtschaftskräfte aufgebaut war, eine Abnahme der in der wirtschaftlichen Hegemonie wurzelnden belebenden Kraft des Mutterlandes zur Stärkung der zentrifugalen Bestrebungen innerhalb dieses Riesenkörpers führen mußte.

Im Gegensatz zu diesen mehr im Interesse der Gesamtheit eine Reorganisation erheischenden Beweggründen steht ein anderer, der dem Rentabilitätsstreben der Unternehmungen selbst entspringt. In dem Berichte der zur Untersuchung über die Lage der Eisenindustrie nach dem Kriege eingesetzten Kommission sind die Dividendenzahlungen von 12 der bekanntesten Werke vor dem Kriege enthalten [3]). Sie zeigen, daß die Lage mancher Firmen keineswegs glänzend war. Man muß zwar berücksichtigen, daß verschiedenen der angeführten Firmen in diesen Jahren große Ausgaben durch innere Umstellungen und Änderungen in den Werken erwachsen waren, aber auch gerade diese sind durch die Erschwerungen im Konkurrenzkampf verursacht worden. Selbst in den guten Jahren 1911/12 und 1912/13 ist eine Reihe dividendenlos geblieben. Wenn diese Ziffern auch noch nicht einen genauen Schluß auf die Lage der Werke gestatten, so geht man doch nicht

[1]) Economist 27. 12. 19.
[2]) Ebenda.
[3]) Report Appendix E.

fehl, wenn man sie als gegen früher erheblich verschlechtert ansieht. Die Klagen der Beteiligten, die Schwierigkeit für manche Werke, Geld zu erhalten, und endlich vielerorts die Unmöglichkeit, schon längst als notwendig erkannte Verbesserungen vornehmen, lassen den gleichen Schluß zu.

### 3. Das Ziel der Reorganisation.

Die Notwendigkeit einer großzügigen Reorganisation war unbedingt vorhanden. Das Interesse der Unternehmungen selber drängte dazu. Sie war auch allgemein anerkannt, und ebenso herrschte keine Meinungsverschiedenheit über ihr Ziel.

Die Konkurrenzfähigkeit mußte wiederhergestellt werden. Die englische Eisenindustrie mußte imstande sein, auf dem Weltmarkt mit gleichen Waffen den Kampf gegen die deutsche und amerikanische Eisenindustrie aufzunehmen. Im Export besonders hielt man es für eine Lebensfrage, daß sie wieder auf den ersten Platz kam und ihn fest behauptete. „Wenn wir nicht in einem solchen Maße fabrizieren und imstande sind, so viel zu verkaufen, daß die Welt mehr britische Waren kauft als irgendwelche anderen, so besteht die Gefahr, daß wir unserem Ruin entgegengehen," heißt es einmal[1]).

Um das Ziel zu erreichen, mußte eine umfassende Rationalisierung des Produktionsprozesses einsetzen. Die Industrie mußte auf eine neue technische Grundlage gebracht werden. Die vorhandenen Mängel waren zu beseitigen. Modernisierung der Anlagen, Übergang zur Massenfabrikation und zum gemischten Betriebe einerseits, Reorganisation der wirtschaftlichen Beziehungen andererseits waren im einzelnen die Erfordernisse. Doch dies allein genügte nicht. Aus einem zweifachen Grunde war es unbedingt notwendig, eine Steigerung der Produktion über den vorhandenen Rahmen hinaus vorzunehmen. Sie mußte zunächst geschehen, um den Import fremdländischen Materials überflüsisg zu machen, um die Stahl- und Walzwerke auf eigene Füße zu stellen und die folgenschwere Abhängigkeit vom Auslande zu beseitigen. Desgleichen war sie zu vermehren, um den deutschen und amerikanischen Vorsprung in der Produktionskapazität wenigstens etwas wieder einzuholen. Sonst drohte die Gefahr, in absehbarer Zeit von der Massenproduktion der Gegner vollkommen erdrückt zu werden.

Beide Erfordernisse, Steigerung der Produktion und Rationalisierung, lassen sich vollkommen miteinander in Einklang bringen. Sie ergänzen sich gegenseitig und bilden so ein geschlossenes Ganzes. Doch liegt das Schwergewicht in den organisatorischen Maßnahmen, nicht nur weil ihre Durchführung am schwierigsten war, sondern auch weil hier die eigentliche Wurzel des Übels lag.

---

[1]) The Engineer 25. 4. 13.

Mag aus der großen Zahl der Stimmen, die gerade dieses Moment der Organisation betonen, die Anführung dreier besonders gewichtiger genügen. So sagte Lord Aberconway, einer der größten englischen Eisenindustriellen: I believe in individualism, and I hope we shall never lose that great power which the anglo-saxon race possesses. But I am perfectly certain that unless that we grasp the principles of organisation which have been forced upon us by modern conditions of trade, we shall lose our hold upon the worlds commerce." Oder die Worte Lord Greys: „There are two advantages from which we suffer: Low production per man and want of industrial organisation.... We are all aware that the english factories cannot successfully compete with americain and german industries which owing to their superior organisation work like one man." Endlich schrieb The Engineer, die bekannte Fachzeitschrift: In den letzten zwanzig oder dreißig Jahren hat die englische Industrie Boden verloren, nicht weil die anderen besser waren, sondern weil sie eine bessere Organisation besaßen" [1]).

Auch die 1916 von der englischen Regierung eingesetzte Kommission, die über die Aussichten der Eisenindustrie nach dem Kriege berichten sollte, erkennt die Notwendigkeit der Reorganisation an. Und wenn auch bei dem Umfang der Untersuchung, die sich über alle Zweige der Eisenindustrie und alle mit der Produktion und dem Absatz verbundenen Fragen erstreckte, das Einzelne oft nicht so klar hervortritt, so ist es doch augenscheinlich, daß die organisatorischen Aufgaben und die Steigerung der Produktion im Vordergrund stehen.

# II. Teil.
# Die Reorganisation.

## I. Abschnitt.
## Die Maßnahmen des Munitionsministeriums.

### A. Die Bedeutung des Krieges für die Reorganisation.

#### I. Die Behebung der Hindernisse.

Wenn trotz der schon in Friedenszeiten vorhandenen Notwendigkeit die Reorganisation nicht eher in Angriff genommen wurde, so lag das an den Hemmnissen, die sich ihr entgegenstellten.

1) Lord Grey und Lord Aberconway in: British Industry and the War. S. 86/88. — The Engineer 20. 12. 20. Steel Trade Amalgamation.

Sie betrafen vor allem die technische Durchführung der Aufgabe, den Umbau und Neubau der Werke.

Nirgends sind Unternehmungen so sehr der fremden Konkurrenz ausgesetzt wie in England. „They are the most vulnerable in the world.“ Sie erfreuen sich weder eines Zollschutzes auf dem Binnenmarkt, noch vermögen sich die Werke durch einen Selbstschutz, wie ihn die Organisation in festen Verbänden gewährt, die Handlungsfreiheit zu erhalten. Durch eine Reorganisation großen Maßstabes konnte die Industrie ihren Gegnern die verwundbarste Seite bieten. Der Bericht der Untersuchungskommission behauptet, daß eine Firma, die vor dem Kriege ihren Betrieb modernisieren wollte, durch die Drohung der ausländischen, in diesem Falle deutschen Konkurrenz, bei Ausführung der geplanten Anlagen einen Preiskampf zu inszenieren, gezwungen wurde, davon Abstand zu nehmen und in der bisherigen Weise weiter zu arbeiten. Wenn dieser nicht nachzuprüfende Fall auch wohl unzweifelhaft besonders kraß sein dürfte, so ist es doch ein ganz treffendes Beispiel für die Macht der fremden Konkurrenz, und die Folgerung, die hier gezogen wurde, wäre auch in manchem andern Fall nicht zu vermeiden gewesen.

Man kann es verstehen, wenn mit Wachsen des Imports der Schutzzollgedanke unter den englischen Werken an Boden gewann. Unter diesem Gesichtspunkte betrachtet, entbehrt er nicht der Berechtigung, denn ohne einen Schutz war das Ziel der Reorganisation nicht erreichbar.

Zu den Schwierigkeiten ist auch die finanzielle Lage der Werke zu rechnen. Mag es sich um den Bau neuer Anlagen oder um Reparaturen und Erweiterungen schon bestehender handeln, immer sind hohe Beträge erforderlich, die regelmäßig die eigene Kraft der Werke übersteigen und dazu zwingen, Zuflucht zu fremdem Kapital zu nehmen. Fremdes Geld aber war für die Werke schwer erhältlich. Kapitalsanlagen pflegen nur da gemacht zu werden, wo mit entsprechenden Erträgen gerechnet werden kann. Bei den mannigfachen Gelegenheiten zu lohnenderer Anlage im In- oder Auslande, von denen letztere aus naheliegenden Gründen gerade in England bestehen, waren die Aussichten der Eisenindustrie infolge des schlechten Geschäftsganges der letzten Jahre nicht eben vielversprechend. Der Bericht der Untersuchungskommission drückt das so aus: The iron and steel industries of Great Britain have become thoroughly discredited as a field for the investment of capital [1]). Kennzeichnend ist es auch, daß seit der Jahrhundertwende keine vollständig neuen Gründungen in dieser Industrie ins Leben gerufen waren [2]). Was die Industrie brauchte, war Anlagekapital. Dort, wo sie es früher bekommen

[1]) After War Report II, Ziffer i.

[2]) After War Report II, Ziffer i.

hatte, bei den Kapitalbesitzern, war keine Neigung zur Hingabe vorhanden. So richtete sich denn die Aufmerksamkeit auf andere Geldgeber, als die in erster Linie die Banken anzusehen waren. Diese aber waren ihrer Struktur und Geschäftsführung nach nicht in der Lage, die langfristigen Kreditbedürfnisse ihrer Kunden zu befriedigen [1]).

Der Kernpunkt der Schwierigkeiten liegt jedoch auf seiten der Nachfrage. Die Industrie durfte nicht eher an eine Reorganisation herangehen, als bis sie die Gewißheit eines genügend großen Absatzes hatte. Die Aufnahmefähigkeit des Marktes mußte einigermaßen mit der gesteigerten Produktivität Schritt halten. In dieser Beziehung konnte auch die Einführung eines Schutzzolles keine Hilfe bringen und ein Hinweis auf die günstige Wirkung des Zolles für die deutsche Eisenindustrie ist gänzlich abwegig. In beiden Fällen handelt es sich um etwas ganz Verschiedenes. In Deutschland sollte einer jungen aufstrebenden Industrie gegenüber einer altgefestigten überlegenen Konkurrenz der ihr gebührende Inlandsmarkt mit seinem starken Wachstum gesichert werden. Der englischen Eisenindustrie galt es aus dem Stadium des drohenden Verfalles herauszuhelfen zu einem neuen Aufschwung und ihr die Konkurrenzfähigkeit auf dem Weltmarkt wiederzugeben. Eine Steigerung des Absatzes, die in Deutschland wie in den Vereinigten Staaten durch die Reservierung des Inlandsmarktes für die heimische Industrie erreicht wurde, war auch für die englische Eisenindustrie die „conditio sine qua non". Aber dort konnte sie nur in verhältnismäßig geringem Maße eintreten. Ein Mehr an Absatz brachte höchstens die durch den Ausfall des Imports bedingte Nachfrage, die aber weit hinter dem zurückblieb, was für den Ausbau und die Modernisierung der Werke notwendig sein mußte. Die Bestrebungen des Greater Britain aber, die den Nachteil des Inlandsmarktes ausgleichen sollten, waren viel zu weit von ihrer Durchführung entfernt, um in Betracht zu kommen.

So war denn angesichts dieser Schwierigkeiten die Lage der englischen Eisenindustrie geradezu unglücklich zu nennen. Sie litt unter einem doppelten Druck. Auf der einen Seite stand die Notwendigkeit schneller und umfassender Reorganisation. Auf der anderen fehlten alle Voraussetzungen für eine solche und nur die Hindernisse bestanden. Inzwischen verschlechterten sich die Aussichten des Wettbewerbes.

### 2. Die Behebung der Hindernisse.

Bei Kriegsausbruch war mit einem Schlage alles geändert. Die Bedeutung des Krieges lag zunächst darin, daß die Schwierig-

---

[1]) Vgl. S. 56.

keiten, welche bisher eine Reorganisation verhindert hatten, zum Teil sofort, zum Teil im Verlaufe des Krieges verschwanden.

Ein Schutzbedürfnis lag nicht mehr vor. Die deutsche Konkurrenz, die mehr als jede andere empfunden wurde, hörte automatisch auf. Die französischen und belgischen Hüttenwerke gerieten gleich zu Anfang in feindliche Gewalt, die belgischen ganz, die französischen zu einem wertvollen Teil. Es blieb die amerikanische Eisenindustrie. Auch sie vermochte nicht zu schaden, denn von einer Konkurrenzmöglichkeit konnte nicht mehr gesprochen werden. Im Gegenteil, als die englischen Werke nicht mehr imstande waren, den an sie gestellten Anforderungen zu genügen, mußte die amerikanische Hilfe angerufen werden.

Was die Nachfrage anlangt, den wichtigsten Punkt, so brachte der Krieg einen Eisenverbrauch, von dem selbst die militärischen Sachverständigen keinen Begriff gehabt hatten. Die Größe des Bedarfes erleichterte außerordentlich die Durchführung der zur Reorganisation notwendigen Maßnahmen. Es war ein Massenbedarf im wahrsten Sinne des Wortes, der sich infolge der räumlichen und zeitlichen Ausdehnung des Kampfes und durch Verwendung immer neuer Kampfverfahren und Kampfmittel stetig auswuchs. Daß es sich nur um einen vorübergehenden Bedarf handelte, war nach englischer Ansicht, die auch von den Sachverständigen anderer Länder geteilt wurde, nicht anzunehmen. Der Friede mußte neue Beschäftigungsmöglichkeiten bringen, eine Vermutung, deren Richtigkeit nicht nur die Zeit nach dem letzten großen europäischen Kriege von 1870/71, sondern auch die Dauer dieses Krieges zu bestätigen schien. Es sammelte sich eine starke künstlich zurückgehaltene Nachfrage an, da die Zerstörungen des Kampfes immer größeren Umfang gewannen und die Erfordernisse des privaten Wirtschaftslebens nur in den dringendsten Fällen eine Berücksichtigung finden konnten. Allenthalben wurde eine Art Raubbau getrieben. — Außerdem war es im Falle eines alliierten Sieges, mit dem man natürlich rechnete, für England selbstverständlich, daß durch den Verlust von Elsaß-Lothringen der deutschen Eisenindustrie die Grundlage ihrer Massenproduktion entzogen wurde. An ihre Stelle auf dem Weltmarkt mußte die englische Industrie treten.

Die Steigerung der Produktion bot also keine Schwierigkeiten mehr.

Auch der Kapitalmangel, der sich früher als hinderlich erwiesen hatte, wurde jetzt beseitigt. Die Heereslieferungen stärkten trotz einer später durchgeführten sehr scharfen Besteuerung die finanzielle Lage der Werke. Wo die verfügbaren Mittel nicht ausreichten, sprang der Staat ein und gewährte Beihilfe aus seinen Kassen.

Der Krieg beseitigte nicht nur die Hindernisse, sondern er

wurde auch zum unmittelbaren Anlaß der Reorganisation, indem er ihre Durchführung eng mit den Maßnahmen zur Deckung des Kriegsbedarfes verknüpfte.

Das war möglich, weil zwischen beiden eine teilweise Übereinstimmung herrschte. Dies hatte seine Ursache in den Mängeln der Eisenindustrie, die noch niemals so klar zum Vorschein gekommen waren wie in diesen Zeiten. Ja sie drohten sich angesichts der ständig wachsenden Nachfrage nach Kriegsmaterial zu einer Gefährdung der Kriegführung auszuwachsen. Die Abhängigkeit im Erzbezuge, fühlbar geworden durch eine Verringerung und Verteuerung der Zufuhr, das Aufhören des Stahlimports brachten einen Druck auf die Versorgung hervor. In derselben Richtung wirkte die technisch-organisatorische Rückständigkeit der Werke. Sie vergrößerte die Schwierigkeit der mit dem Kriege verbundenen Umstellung der Industrie.

Die größte Gefahr lag in dem Umstand, daß die Friedenserzeugung an Stahl für den neuen großen Bedarf bei weitem nicht ausreichte. Der Staat war gezwungen, mit allen Kräften auf die Entfaltung dieser für die Kriegführung ausschlaggebenden Industrie hinzuwirken. Seine Anstrengungen, die er machte, mußten auch der Reorganisation zum Vorteil gereichen. Denn wie es sich um dieselben Mängel handelte, so bestand vielfach auch eine Gleichheit in den Mitteln. Und da es sich hier nicht um Anlagen für spezielle Zwecke handelte, wie Granatfabriken und ähnliches, für die es im Frieden gar keine oder nur sehr beschränkte und nach kostspieligen Umwandlungen mögliche Verwendung gab, war es doppelt leicht, den Erwägungen der Reorganisation Rechnung zu tragen. Die Maßnahmen des Munitionsministeriums, dem die Befriedigung des Kriegsbedarfes oblag, sind daher niemals, wo es irgend angängig erschien, allein auf den Krieg zugeschnitten, sondern sie verbinden sich mit dem Bestreben, der Industrie für die kommenden Friedenszeiten eine sichere Grundlage zu geben.

Inwiefern der Krieg auch sonst noch von Bedeutung für die Reorganisation gewesen ist, wie er auch die Vorbedingungen für die Rekonstruktion der wirtschaftlichen Beziehungen schuf, davon wird weiter unten zu reden sein.

## B. Die Maßnahmen des Munitionsministeriums.

Die Kriegstätigkeit der englischen Eisenindustrie zerfällt in zwei voneinander scharf zu trennende Abschnitte. Das Ende des ersten und der Beginn des zweiten wird gebildet durch die Errichtung des Munitionsministeriums.

Das Bezeichnende für den ersten Kriegsabschnitt ist die Tatsache, daß man in England wie auch in anderen kriegführenden Ländern die Deckung des Kriegsbedarfes an Eisen und Stahl nicht in die Hand des Staates gelegt, sondern der Industrie selbst überlassen hatte. Der Staat trat nur als Auftraggeber auf und als Abnehmer der fertiggestellten Mengen. Für die Reorganisation ist diese Periode bedeutungslos. Das änderte sich erst mit der Errichtung des Munitionsministeriums, ein Ergebnis von außerordentlicher Tragweite, das einer näheren Darlegung bedarf.

## I. Die Errichtung des Munitionsministeriums.

Die Gründe für die Errichtung sind wirtschaftlicher Natur und wurzeln in der Diskrepanz, die sich in steigendem Maße zwischen der jeweils verfügbaren Menge an Kriegsmaterial und der von der Heeres- und Flottenleitung nachgefragten herausbildete. Der Krieg gewann immer mehr räumliche Ausdehnung. England hatte auf den verschiedensten Kriegsschauplätzen nicht nur die Bedürfnisse seiner eigenen Streitkräfte zu befriedigen, sondern auch die französischen, russischen und zum Teil die italienischen Truppen waren in ihrer Versorgung mehr oder minder stark von englischer Belieferung abhängig. In allen am Kriege beteiligten Ländern führte die allgemeine Wehrpflicht, der auch England sich nicht entziehen konnte, den Heeren Millionen zu, die bewaffnet und ausgerüstet sein wollten. Ferner hatte, wie man es nennen möchte, die Intensität der Kampfhandlungen seit den ersten Tagen eine Wandlung erfahren. Die neuen Kampfmittel waren auf Massenverbrauch und Massenwirkung eingestellt. Endlich, je mehr Munition und Geschützmaterial zur Verfügung gestellt werden konnte, um so größer waren die Aussichten auf die siegreiche Beendigung des Krieges.

Gegenüber dieser Unbeschränktheit der Nachfrage waren auf seiten des Angebots bald die Grenzen der Leistungsfähigkeit erreicht. Schon in den ersten Kriegsmonaten zeigte es sich, wo der eigentliche Schwerpunkt auf seiten der Produktion lag. Während in der Preisentwicklung des englischen Eisenmarktes, wie sie von Dr. Argelander dargestellt ist [1]), die Roheisenlinie verhältnismäßig langsam nach oben geht, zeigen die Preise der Walzfabrikate sofort ein scharfes Steigen, das durch seine Stetigkeit besonders bei den Knüppeln, dem Rohmaterial für die Granatenherstellung, auffallend ist. Das heißt nichts anderes, als daß die Nachfrage nach Stahl anfing, das Angebot hinter sich zu lassen. Es rächte sich jetzt das Zurückbleiben in der Stahlfabrikation. Mehrere andere Umstände kamen hinzu. Es kam nicht nur an auf Stahl, sondern auf Stahl besonderer Qualität. In den Bestimmungen für Heereslieferungen wurde ein nach dem sauren Verfahren hergestellter Stahl von bestimmter Reinheit und Zusammensetzung verlangt. Damit schied von vornherein ein großer

---

[1]) Argelander S. 37.

Teil des erzeugten Stahls aus. Wählt man das Jahr 1913 als Grundlage der Berechnung, so ist es weit mehr als ein Drittel. Zu alledem mußte noch die durch den Ausfall des Imports entstandene Lücke gefüllt werden.

Eine Steigerung der Produktion aber war, abgesehen von später zu erörternden Gründen auf seiten der Rohstoffbeschaffung, nur unter Schwierigkeiten, wenn überhaupt möglich. Einerseits verfügte die englische Eisenindustrie nicht über denselben vollkommenen Produktionsapparat wie die deutsche, andererseits war ihre Produktionskapazität bald erschöpft. Denn die Werke wiesen größtenteils ein gewisses Alter auf und waren nicht auf eine erhebliche, in der Zukunft liegende Produktionsfähigkeit zugeschnitten, wie sie der deutschen Eisenindustrie die Durchführung der Kriegsaufgaben erleichterte [1]). Deshalb, so umfassend auch der Aufgabenkreis des Munitionsministeriums war, im Vordergrunde stand die Beschaffung von Stahl, der für die Munitions- und Geschützherstellung unerläßlich und zugleich unersetzbar war.

Daß der Staat die Sorge für die Munitionsbeschaffung und die Durchführung der dazu nötigen Maßnahmen nicht der privaten Industrie überließ, erklärt sich einmal aus der Wichtigkeit dieser Frage, bei der es um seine Existenz ging, zum andern liegt die Veranlassung zu seinem Eingreifen in dem Umfang der Aufgabe und der Notwendigkeit, die verschiedensten Interessen miteinander zu vereinen und sie auf ein gemeinsames Ziel einzustellen. Eine solche Aufgabe war ohne staatliche Hilfe überhaupt nicht zu meistern. Es konnte ja auch die deutsche Kriegsorganisation die staatliche Hilfe nicht entbehren. Dazu kam, daß bei ihrem Mangel an Organisation, wozu vor allem das Bestehen fester Verbände gerechnet werden muß, die englische Eisenindustrie weniger als jede andere fähig war, ein einheitliches Zusammenarbeiten aller in Betracht kommenden Kräfte zu gewährleisten. Die vorhandene Organisation reichte nicht aus. Der Staat mußte das Fehlende künstlich ersetzen.

Die rechtlichen Grundlagen und der Aufbau des Ministeriums sollen nur, soweit es zum Verständnis erforderlich ist, gestreift werden.

Durch das Gesetz vom 9. 5. 15, The Ministry of Munitions Act [2]), wurde die Errichtung angeordnet und durch ein nachfolgendes Order in Council der Tätigkeitsbereich näher abgegrenzt. Ein weiteres Gesetz, The Munitions of War Act [3]), bestimmt, das Reichsverteidigungsgesetz (Defence of Realm Act) zu ergänzen und dem neuen Ministerium die nötigen Vollmachten zu geben, trat am 2. Juli 1915 in Kraft. Aus dem Inhalt des ersten Gesetzes

---

1) Gem. Darstell. S. 311.
2) Fairlie S. 101 f.
3) Fairlie S. 100 f., 107 f.

ist hervorzuheben, daß als Munition alles gilt, was für Kriegszwecke geeignet ist (Waffen, Munition, Ausrüstungsgegenstände jeder Art oder was irgendwie mit der Munitionsindustrie in Verbindung steht, z. B. für Herstellung von Kriegsmaterial verwendete Maschinen). Das Munitionsgesetz beschäftigt sich in seinem ersten Teil mit der Schlichtung von Streitigkeiten zwischen Arbeitnehmern und Arbeitgebern, im zweiten mit der Regelung des Unternehmergewinns, des Lohnes und der Arbeitsbedingungen in den der Kontrolle der Regierung unterstehenden Betrieben und regelt im dritten die Befugnisse des Ministers. Ein Ergänzungsgesetz vom 21. 1. 16 [1]) erweitert die Bestimmungen des Munitionsgesetzes und trifft andere neue über Lohn, Arbeitszeit und Arbeitsbedingungen.

Entsprechend der Mannigfaltigkeit der Aufgaben dehnte sich auch das Tätigkeitsfeld des Ministeriums. Es lag im Wesen der Kriegswirtschaft, daß, nachdem einmal ein Eingriff geschehen war, weitere folgen mußten. Immer neue Zweige der Industrie wurden in den Bereich gezogen und dort, wo schon eine Kontrolle bestand, wurden einschneidendere Maßnahmen notwendig. Hatte das Ministerium 1916 nur sechs Abteilungen, die wieder in einzelne Unterabteilungen zerfielen, so waren es 1917 schon zwölf geworden [2]). Das Hauptquartier in London zählte anfangs nicht ganz 200 Mann. Im Juni 1917 betrug die Zahl der Beschäftigten 12 190. Im August 1915 befanden sich 345 Werke unter der Aufsicht des Ministeriums und 20 der Regierung gehörige Werkstätten waren eingerichtet. Ende 1917 arbeiteten 143 Regierungswerkstätten und 20 000 private Betriebe mit mehr als 2 700 000 Arbeitern unter der Kontrolle der Regierung. Diese Zahlen zeigen besser als alles andere, mit welchem Nachdruck das Munitionsministerium seine Ziele verfolgte. Ein scharf durchgeführtes zentralistisches System hielt alle in Betracht kommenden Industrien zusammen und muß als das Hauptmerkmal dieser Kriegswirtschaft angesprochen werden.

Die Geschlossenheit des Ganzen spiegelt sich wieder in den einzelnen Teilen. Die Eisenindustrie unterstand dem Iron and Steel Department. Auch hier ist wie in der Gesamtorganisation des Ministeriums das Ergebnis nicht ohne mehrfache materielle und formelle Änderungen erreicht worden. Der Ausgangspunkt für die Tätigkeit der Abteilung lag in der Aufgabe, die für die Herstellung des Kriegsbedarfes, insbesondere der Munition, benötigten Stahlmengen zu beschaffen. So einseitig und bestimmt, wie sie lautete, so mannigfach und vielseitig waren die Maßnahmen, die weit über den ursprünglichen Rahmen hinausgingen. Sie umfaßten schließlich nicht nur die eigentliche Stahlerzeugung, son-

[1]) [2]) Fairlie S. 100 f., 107 f.

dern dehnten sich aus auf alle Zweige der Stahlindustrie einschließlich der Rohstoffversorgung und darüber hinaus bis in den Handel und das Transportwesen. An der Spitze der Abteilung stand ein Direktor, dem sieben Unterabteilungen unterstellt waren, die sich nach den Produktionsstufen der Eisenindustrie gliederten und mit dem Fortschreiten der Organisation ins Leben gerufen waren. Es gab[1]):

1. Die Abteilung für Granatenstahl.
2. Die Abteilung für Stahl zu anderen Zwecken.
3. Die Abteilung Roheisen und Kalkstein.
4. Die Abteilung Kohle und Koks.
5. Die Abteilung für strengflüssige Materialien.
6. Die Abteilung für Eisenerz.
7. The Committee on Home Iron Ore Supply.

## II. Die Maßnahmen.

Die Maßnahmen des Iron and Steel Department lassen sich, je nachdem sie von seiten des Angebotes oder der Nachfrage ausgehen, in zwei große Gruppen einteilen. In der ersten Gruppe sind diejenigen enthalten, die eine Rationalisierung der Nachfrage bezwecken und unter dem engeren Begriff der Kriegswirtschaft zusammengefaßt werden können. Sie sind bedingt durch die abnormale Gestaltung der Nachfrage im Kriege und tragen nur einen vorübergehenden Charakter. Für die Reorganisation haben sie nur eine mittelbare Bedeutung. Es erübrigt sich daher, sie genau zu untersuchen und über eine allgemeine Darstellung hinauszugehen. Sie bestätigen nur die in allen Ländern gemachten Erfahrungen, wo während des Krieges ein obrigkeitliches Eingreifen in die Produktions- und Marktverhältnisse vonnöten war.

Die zweite Gruppe sucht durch Hebung des Angebots die Spanne zwischen Angebot und Nachfrage zu verringern. Auf verschiedene Weise sucht sie dieses Ziel zu erreichen. Neben Maßnahmen vorübergehender Art stehen solche, die einen tieferen Eingriff in die Produktion bedeuten und daher von bleibender Wirkung sind. Auf ihnen ruht das Schwergewicht der Kriegswirtschaft in der englischen Eisenindustrie. Sie dienen nicht nur zur Deckung des Kriegsbedarfes, sondern verfolgen darüber hinaus weitgehende Ziele, wodurch sie eine besondere Bedeutung für die Reorganisation gewinnen. Während sie sich hierdurch von den Maßnahmen der Zwangswirtschaft unterscheiden, haben beide das miteinander gemeinsam, daß sie sich über alle Produktionsstadien der Eisenindustrie erstrecken. Ihr gegenseitiges Verhältnis — so kann man es definieren — besteht darin, daß sie eine Verstärkung und Ergänzung zueinander darstellen.

[1]) Hatch S. 4.

**Die Rationalisierung der Nachfrage.**

## a) Die Preisregelung.

Die Rationalisierungsmaßnahmen der ersten Art befassen sich mit der Regelung der Preise und der Verteilung. Die bestehende Diskrepanz zwischen Angebot und Nachfrage äußerte sich natürlicherweise zuerst in den Preisen. Finanzielle Rücksichten sowohl wie die Befürchtung, es möchte die Stahlversorgung der Munitionsindustrie Schaden erleiden, führten die Regierung zu dem Entschluß, in die Preisbildung einzugreifen. Auf der einen Seite galt es, zugunsten der Steuerzahler die Kosten für die Deckung des Kriegsbedarfes nach Möglichkeit niedrig zu halten und hohe Gewinne zu beschneiden, auf der anderen sollte es vermieden werden, daß das Angebot dem höchsten Preise folgte und unentbehrliche Stahlmengen ihrer dringendsten Verwendung entzogen wurden.

Am ersten und schärfsten zeigte sich das Anziehen der Preise beim Halbzeug und hier besonders bei den Knüppeln, die als Rohmaterial für die Granatenfabrikation gebraucht werden. Daher setzten hier schon im Juni 1915 die Bemühungen des Munitionsministeriums ein [1]). Mit den Werken wurden sowohl für die englische als auch für die französische Regierung nicht unerhebliche Ersparnisse durch eine Preisfestsetzung erzielt. Immerhin waren die Preise noch sehr hoch bemessen, um den Werken einen Ansporn zu geben. Der Erfolg stellte sich bald ein, jedoch nicht ohne eine unangenehme Nebenerscheinung, die weitere Schritte notwendig machte. Die Herstellung von Kriegsmaterial führte nämlich zu einer Vernachlässigung der übrigen für Friedenszwecke bestimmten Materialien, die nun ihrerseits infolge des geringen Angebots scharf im Preise stiegen. Im Frühjahr 1916 entschloß man sich zur Festsetzung von Höchstpreisen, die aber nicht allein auf die Stahlerzeugung beschränkt blieben, sondern infolge des unlöslichen Zusammenhanges der Preisbildung und wegen der Knappheit, die sich auch bei den Vorfabrikaten bemerkbar machte, auf sämtliche Stufen einschließlich der Rohstoffversorgung ausgedehnt wurden [2]). Damit war die Eisenindustrie dem Bereich des freien Marktes entzogen und gänzlich unter staatliche Leitung gestellt.

Das Bestreben des Munitionsministeriums ging nun dahin, alle Preise auf möglichst gleichem Stande zu erhalten, um nicht durch irgendwelche Veränderungen bei einem Erzeugnis zugleich die Reihe der übrigen ins Wanken zu bringen. Nur ein einziges Mal ist der Preis für Cleveländer Roheisen erhöht worden, dem sich eine zweimalige Änderung des Stabeisenpreises anschloß.

[1]) Hatch S. 7.
[2]) ICTR. 24. 4. 16, S. 467.

Die Möglichkeit einer solchen stabilen Preispolitik war durch zwei Umstände gefährdet, denen das Ministerium durch besondere Maßregeln Rechnung zu tragen wußte. Die durch den Krieg verursachte Verteuerung der Lebenshaltung sowie das durch Heeresanforderungen verringerte Angebot an Arbeitskräften und die Notwendigkeit einer Steigerung der Produktion brachten die Arbeitslöhne in eine schnelle Aufwärtsbewegung, der das Munitionsministerium größtenteils seine Anerkennung nicht verweigern konnte. Auf irgendeine Weise mußte sich dies in den Produktionskosten und Preisen bemerkbar machen. Um das zu verhüten, wurde beschlossen, fortan durch Zahlung einer Regierungsbeihilfe an die Werke wenigstens äußerlich das Preisniveau festzuhalten. Diese Art der Regelung [1]), bei der die Mehraufwendungen der Werke durch die Regierung ersetzt wurden, blieb während des ganzen Krieges bestehen und hat ihn sogar noch einige Zeit überdauert.

Dasselbe geschah mit den durch die unruhigen Verhältnisse des Frachtenmarktes bewirkten Steigerungen im Preise der ausländischen, besonders spanischen Erze [2]). Der Preis besten Bilbao Rubios, der im August 1914 in Middlesborough auf rund 17 sh. zu stehen kam (einschließlich einer Fracht von ungefähr 4 sh.), erklomm im Januar 1918 die Höhe von 43 sh. 6 d. Auch hier wurde durch Beihilfen an die Produzenten der Ausgleich zwischen Produktionskosten und Preisen herbeigeführt. Nur war es hier um deswillen schwieriger, weil sich die Frachten weit mehr als die Löhne dem staatlichen Einfluß entzogen.

Die vielerlei Rücksichten, die im Inlande auf die Preisgestaltung einwirkten, kamen auf dem Auslandsmarkt natürlich in Fortfall. Soweit die Ausfuhr gestattet war, herrschte hier das Bestreben, einen möglichst hohen Erlös zu erzielen. Zwar wurden die Preise behördlich geregelt, doch wiesen sie gegenüber den Inlandspreisen eine außerordentliche Höhe auf, so daß z. B. die Auslandspreise für englisches Winkeleisen sich auf 362 sh. beliefen gegenüber 222 in England [3]).

### b) Die Regelung der Verteilung.

Wie die Spannung zwischen Angebot und Nachfrage als die Ursache für das Eingreifen der Regierung in die Preisbildung anzusehen ist, so hat sie auch den Anlaß zur Regelung der Verteilung gegeben. Je dringender die Nachfrage durch das Anschwellen des Kriegsbedarfes und die Materialanforderungen für andere Zwecke wurde, um so wichtiger war es, auf seiten des Angebots das Vorhandene entsprechend der Dringlichkeit der Nachfrage

---

[1]) Hatch S. 35.
[2]) Hatch S. 89.
[3]) Argelander S. 10.

und der Eignung für den Verwendungszweck zu verteilen. Daneben stand die grundsätzliche Erwägung, daß mit der Festsetzung der Höchstpreise der Staat auch zu weiteren Schritten gezwungen sei, denn er hatte nun auch die Aufgabe des Preises im freien Markte, die Verteilung der Güter auf die Nachfrage, in die Hand zu nehmen.

Die Verteilungsmaßnahmen setzen erst etwas später als die Regelung der Höchstpreise ein. Danach müßte man annehmen, daß das Ministerium zunächst davon absehen zu können glaubte. Nur bei Granatstahl scheint beides sehr früh durchgeführt zu sein. Hier war ja die Regierung selbst ein großer, wenn nicht der größte Konsument geworden wegen des Besitzes der „National factories", der von ihr gebauten Munitionsfabriken, für welche gesorgt werden mußte. Im Gegensatz zu der gleichzeitigen Festsetzung der Höchstpreise, die nach den Gesetzen der Preisbildung unerläßlich war, trat, was die Verteilung anlangt, ein zeitlicher Unterschied hervor, indem die staatliche Aufsicht nicht gleichzeitig für alle Stufen, sondern zu verschiedenen Zeitpunkten begann, so daß beispielsweise Hämatitroheisen früher als Stahl zu privaten und gewerblichen Zwecken dem Verkehr entzogen wurde.

Die endgültige Kontrolle der Produktion wurde durch die am 20. 11. 1916 ausgegebene „Steel Order" verfügt, die eine Beschränkung der Nachfrage und eine Regelung der Verteilung nach der Dringlichkeit des Bedarfes mit sich brachte [1]). Sie bestimmte in ihren wichtigsten Anordnungen, daß kein Auftrag auf Stahl angenommen werden durfte, ohne daß dem Lieferwerke vom Auftraggeber durch Vorweisung eines Kontraktes mit der Regierung oder einer Dringlichkeitsbescheinigung (Priority Certificate) die Bezugserlaubnis nachgewiesen wurde. Auch die Ausführung war den Werken nicht freigestellt, sondern erfolgte nach besonderen Anordnungen, denen zufolge alle Aufträge ihrem Verwendungszweck nach in bestimmter Reihenfolge zu erledigen waren. Zur Gegenkontrolle wurden von den Werken Liefer- und Lagerlisten eingefordert. Dieses Kontrollsystem ist im Laufe des Krieges weiter entwickelt und mehrfach, wie es die Umstände erforderten, verschärft worden. So wurde durch die Priority Order [2]) vom 16. 3. 1917 die Einteilung aller Aufträge nach Klassen vorgenommen, um die Erledigung nach der Dringlichkeit des Auftrags zu gewährleisten. Die weitere Entwicklung brachte immer mehr den Zwang, die Nachfrage an das Angebot anzupassen, so daß man schließlich Monat für Monat im voraus die verfügbaren Stahlmengen auf den Gebrauch verteilte [3]).

Etwas günstiger als beim Stahl gestaltete sich die Roheisenversorgung. Hier gelang es, bis Mitte 1916 das Zurückbleiben der

[1]) ICTR. 24. 11. 16, S. 660.
[2]) ICTR. 16. 3. 17.
[3]) Hatch S. 14 f.

Erzeugung hinter dem Bedarfe durch Verbrauch der Lagervorräte zu decken. Als dann im Juli 1916 die Überwachung des Verkehrs mit Roheisen angeordnet wurde, war es erklärlicherweise zuerst das Hämatit, das von dieser Maßregel betroffen wurde. Fast ein Jahr später folgte ihm auch das phosphorhaltige Roheisen. Beide Arten wurden von jetzt an allmonatlich den Verbrauchern zugewiesen. Ähnliches geschah mit den Eisen- und Stahllegierungen und den sonstigen Roh- und Hilfsstoffen der Eisenindustrie.

Von der Beschränkung der Nachfrage wurde in erster Linie der Export betroffen. Eisen und Stahl kam auf die Ausfuhrverbotsliste, und nur in Ausnahmefällen konnte die Erlaubnis vom War Trade Department des Board of Trade bewirkt werden.

### 2. Die Rationalisierung des Angebotes.

Durch die bisherige Art der Regelung konnte die Spannung zwischen Angebot und Nachfrage nicht überwunden werden. Wohl konnte man sie durch eine zweckentsprechende Verteilung des Vorrates und durch Einschränkung der Nachfrage und ihre Angliederung an das Angebot weniger schädlich gestalten, indem man für die Befriedigung des dringlichsten Bedarfes Sorge trug. Eine Minderung der Spannung aber oder, was das Erstrebenswerte war, ihre Beseitigung war nur möglich durch eine Hebung des Angebotes. Das heißt, zu den obrigkeitlich-rechtlichen Maßnahmen, wie sie in dem staatlichen Eingriff in die Preisbildung und Güterverteilung zum Ausdruck kommen, mußten wirtschaftliche hinzutreten [1]).

Diesen Teil seiner Aufgabe hat das Ministerium mit besonderem Nachdruck verfolgt. Zwei Wege standen ihm offen, von denen das Beschreiten des einen keine tiefergehende Wirkung für die Produktion mit sich brachte. Die hierher gehörigen Maßnahmen waren deshalb auch verhältnismäßig leicht durchführbar. Ihre Bedeutung lag vor allen Dingen darin, daß sie geeignet waren, die Produktion von Geschoßstahl, dem wichtigsten Bedarfsgegenstand im Kriege, zu fördern.

Es handelte sich zunächst um die Aufhebung schon längst hinfällig gewordener Beschränkungen. Für Munitionslieferungen mußte Bessemerstahl benutzt werden. Diese ehemals aus Qualitätsgründen getroffene Bestimmung war teils aus Gewohnheit, teils aus Konkurrenzgründen beibehalten worden. In Friedenszeiten machte sich ihre Wirkung nicht so sehr bemerkbar. Anders war es im Kriege, als plötzlich alle Mittel angestrengt werden mußten, um den ungeheuren Stahlbedarf der Munitionsindustrie zu befriedigen. Ein großer Teil der Erzeugung, wie schon erwähnt, war von vornherein von der Verwendung ausgeschlossen. Schon

[1]) Schumacher, Deutsche Volksernährung S. 47.

im Oktober 1915 wurden die Vorschriften geändert und auf die Benutzung von Martinstahl ausgedehnt [1]), allerdings zuerst nur auf den nach dem sauren Verfahren hergestellten Martinstahl. Etwas später wurde jedoch auch die Lieferung von „basischem Stahl" gestattet, so daß nunmehr die möglichste Freiheit bestand. Hierdurch wurde nicht nur eine sofortige beträchtliche Steigerung des Vorrates erreicht, sondern, was ebenso wichtig war, es wurde die Abhängigkeit in der Roheisen- und Erzversorgung gemindert, da man nun nicht mehr so sehr auf die Zufuhr spanischer Erze und auf Cumberländer Hämatit angewiesen war.

Von gleicher Art waren die Änderungen der Gütebestimmungen, die mehrfach vorgenommen wurden [2]). Für den Stahl zu Geschoß- und Geschützzwecken wurden infolge seiner hohen Beanspruchung besondere Garantien verlangt. Unreinheiten, vor allem die gefürchtetsten Feinde des Eisens, Phosphor und Schwefel, mußten nach Möglichkeit ausgeschieden werden. Daher waren die Anforderungen an Güte und Reinheit des Materials von seiten der Kriegsbehörden sehr streng gehalten. Die Werke aber drängten auf eine Erhöhung der Gehaltsziffern, denn für sie stand die technische Erleichterung, welche dadurch zu erzielen war, im Vordergrunde. Nach eingehenden Prüfungsversuchen wurde schließlich der erlaubte Prozentgehalt an Phosphor und Schwefel heraufgesetzt.

Wurden hier Beschränkungen aufgehoben, so traten dafür an anderer Stelle neue in Kraft. Eingeschränkt wurde die Produktion von Gießerei- und Puddelroheisen zugunsten der Herstellung von anderen Sorten für Konvertierungszwecke. Beide Arten spielten bekanntlich in Friedenszeiten eine große Rolle in der englischen Roheisenerzeugung, machte doch im Jahre 1913 ihre Summe weit mehr als ein Drittel der Erzeugung aus. Standen einer Gesamtroheisenerzeugung von 10 260 000 Tonnen im Jahre 1913 3 802 000 Tonnen Gießerei- und Puddelroheisen gegenüber, so betrug die Gesamterzeugung 1918 9 086 000 Tonnen und die Erzeugung von Gießereiroheisen nur 3 302 000 Tonnen. Von der beiderseitigen Verminderung der Produktion abgesehen, ist die noch bestehende Differenz von rund 500 000 Tonnen der Produktion basischen Stahles zugute gekommen.

Nicht immer ging die vermehrte Herstellung von Kriegsmaterial glatt vonstatten. Viele Werke, vor allem die Martinwerke, waren mehr mit der Herstellung der weichen Handelsqualitäten vertraut als mit den vorzugsweise harten Sorten, wie sie für die militärischen Zwecke benötigt wurden [3]). Hier wurde durch praktische Unterweisung oder durch Ausgabe von Richt-

---

[1]) Hatch S. 8.
[2]) Hatch S. 8.
[3]) Hatch S. 9.

linien Abhilfe geschaffen. Das Ungewohnte der Kriegsverhältnisse kam auch darin zum Ausdruck, daß es, wie Hatch schreibt[1]), beträchtliche Zeit in Anspruch nahm, die Größen und Gewichtsverhältnisse für Knüppel und vorgewalzte Blöcke je nach Kaliber und Besonderheit der Granaten, für die sie bestimmt waren, zu vereinheitlichen.

Zu der Rationalisierung des Angebots tritt endlich der Import von Stahl für Munitionszwecke hinzu. Englands, wie überhaupt der Alliierten großer Vorteil, lag darin, daß es nicht wie die Mittelmächte vom Weltmarkt abgeschlossen war. Dessen reiche Vorräte standen ihm immer zur Verfügung. Es war daher möglich, das Angebot durch Import von außerhalb zu heben. Da es sich um die Aufbringung ganz bedeutender Mengen handelte, kamen für einen Import im wesentlichen nur die Vereinigten Staaten in Frage, deren Eisenindustrie der Aufgabe gewachsen war. Auch Kanada hat sich am Import beteiligt. Verhältnismäßig spät, erst im Jahre 1916, ist Stahl eingeführt worden. Dies hing mit der allgemeinen Lage zusammen. Der dringendste Bedarf an Geschoßstahl konnte zunächst durch Hinzuziehung aller Werke befriedigt werden. Hierdurch wurde aber die Lücke, die durch den Ausfall des Imports bei den übrigen Walzfabrikaten entstanden war, verschlimmert. Daher mußten, zumal eine dringende Nachfrage sich einstellte, manche Werke von der Munitionsherstellung erneut auf die Erzeugung von gewöhnlichem Friedensmaterial umgestellt werden. Die Verringerung des Angebotes an Geschoßstahl war aber auf jeden Fall auszugleichen, und dies gab den Anlaß zum Import [2]). Außerdem diente es sicherlich zum Vorteil der englischen Werke, wenn der Import beim Geschoßstahl erfolgte, also einen ausgesprochenen Kriegscharakter trug und mit Aufhören der Feindseligkeiten von selbst zu Ende kommen mußte. Einen Beweis von dem Umfang und der Bedeutung des Imports geben die folgenden Zahlen:

| Jahr | Import |
|---|---|
| 1915 | — |
| 1916 | 76 197 (in engl. Tons) |
| 1917 | 588 490 |
| [3]) 1918 | 600 752 (nur bis 30. 11. 18). |

Auch dieses Verfahren vermochte keinen endgültigen Erfolg zu bringen. Der hing vielmehr davon ab, daß man eine Steigerung der Inlandsproduktion zu erreichen suchte. Dies ist der zweite

[1]) Hatch S. 10.
[2]) Hatch S. 10.
[3]) Hatch S. 12.

Weg, den das Munitionsministerium in der Rationalisierung des Angebots beschritten hat. Aus zwei Gründen kommt ihm eine besondere Bedeutung zu, einmal, weil dieser Teil der Aufgabe die schwierigsten Anforderungen an die Tätigkeit des Ministeriums und seiner Organe stellte, sodann, weil die hier durchgeführten Maßnahmen nicht den Stempel der Vergänglichkeit tragen wie die vorigen, sondern dazu bestimmt waren, in Friedenszeiten einen nachhaltigen Einfluß auf die Erzeugungsfähigkeit der englischen Eisenindustrie und auf ihre Stellung im internationalen Konkurrenzkampf auszuüben.

Da die Werke bereits bis zur Grenze ihrer Leistungsfähigkeit im Betrieb waren, so gab es nur ein Mittel, um die Stahlproduktion noch zu steigern. Das war die Vermehrung der vorhandenen Produktionsmöglichkeiten durch den Bau neuer Anlagen und im Verein damit die Modernisierung aller in Betracht kommenden Werke, um eine möglichst sparsame und rationelle Betriebsleistung zu erzielen.

Auf einem verwandten Gebiet war man schon mit ähnlichen Aufgaben beschäftigt. Um die Massenfabrikation von Kriegsmaterial, insbesondere von Granaten zu ermöglichen, wurden die sogenannten „national factories" gebaut, die der Regierung zu eigen gehörten und von ihr selbst betrieben wurden. Daß der Staat nicht auch den Bau neuer Hochofen- und Stahlwerksanlagen in die Hand nahm, ist selbstverständlich, denn hier mußte es der erste Grundsatz sein, wenn wirklich nach rationellen Gesichtspunkten gearbeitet werden sollte, das Neue mit dem bereits Vorhandenen in Einklang zu bringen. Das erforderte nicht nur die Kriegsnotwendigkeit, sondern da die Anlagen im Gegensatz zu denen der ersten Art einen wertvollen Friedensbesitz darstellten, auch die Rücksicht auf die Konkurrenzfähigkeit der Eisenindustrie. Von eigener Bautätigkeit sah das Munitionsministerium deshalb ab. Aber es wartete auch nicht auf die Initiative der privaten Unternehmer, von denen schon allein aus dem Grunde wenig zu erwarten war, weil sie vielfach aus eigener Kraft nicht zu den erforderlichen Anstrengungen imstande waren. Man trat vielmehr an die Werke mit der Aufforderung heran, über eine etwaige Vergrößerung ihrer Anlagen zu verhandeln, und legte dann nach zustande gekommener Einigung die Ausführung in ihre Hände.

Bevor die Steigerung der Stahlerzeugung in Angriff genommen wurde, galt es eine Reihe von Vorfragen zu erledigen. Zunächst handelte es sich um die Aufbringung der Geldmittel für die Bauten. Hier stellte das Ministerium seine Hilfe zur Verfügung [1]), da ihm sehr daran lag, die Schnelligkeit der Errichtung zu fördern und den Werken einen Teil der damit verbundenen Lasten

[1]) Hatch S. 35.

abzunehmen. Die Ausführungskosten waren bei den herrschenden Kriegspreisen sehr hoch, die Erträgnisse aber wurden durch die Höchstpreise und die steuerliche Belastung in Schranken gehalten. Desgleichen mußten die Kosten für die Verzinsung, Tilgung und Abschreibung hoch bemessen werden, damit die neuen Anlagen nicht zu einem unangenehmen Hindernis für die Rentabilität der Werke im Frieden wurden. Die Inanspruchnahme des Kapitalmarktes war durch die Kriegsgesetzgebung eingeschränkt, so daß allein aus diesem Grunde die staatliche Hilfe nicht nur erwünscht, sondern in vielen Fällen unerläßlich war. Die Art der Regelung sowie der Umfang, den die Unterstützung angenommen hat, läßt sich nicht genau feststellen. Sie ist jedenfalls entsprechend der Eigenart des konkreten Falles sehr verschieden gewesen. Insgesamt sollen 20 Millionen Pfund für die Ausdehnung der Werke vorgestreckt sein [1]). Indes ist nicht ersichtlich, ob in diesem Betrage nur die Aufwendungen für die eigentliche eisenschaffende Industrie enthalten sind, oder auch solche Beträge, die der Munitionsindustrie im engeren Sinne zugute kamen, weil der Staat ihr gleichfalls seine Hilfe gewährte. Hatch [2]) gibt als einzige Angabe den Betrag der Regierungsunterstützung, der für die Errichtung neuer Nebenproduktenanlagen ausbezahlt war. Er belief sich auf 1 250 000 Pfund in einer Gesamtsumme von 5 Millionen, wovon der Rest zu Lasten der Werke ging. Den Munitionsfabriken gegenüber verfuhr man derart, daß den Werken verzinsliche oder unverzinsliche Darlehen gegeben wurden, und zwar in runder Summe oder durch Aufschlag auf den Abnahmepreis [3]). Ähnlich wird es auch in der eisenschaffenden Industrie gewesen sein.

Die Werke, die eine Ausdehnung ihrer Anlagen vornehmen wollten, erhielten nun keineswegs freie Hand, sondern sie hatten alle den Bau betreffenden Einzelheiten, Entwürfe sowohl wie Kostenanschläge und dazu Übersichten über die bereits vorhandenen Einrichtungen, dem Munitionsministerium zur Prüfung und Genehmigung einzureichen [4]). Weniger wichtig als die hiermit verbundene Prüfung der geldlichen Ausgaben war die Absicht, sich darüber zu vergewissern, ob die neuen Anlagen mit den Friedenserfordernissen im Einklang ständen.

Naheliegend war es, die Frage zu stellen, um welchen Betrag überhaupt die Erzeugung ausgedehnt werden sollte. Ganz allgemein betrachtet stand es natürlich fest, daß die größtmög-

---

[1]) ICTR. 5. 4. 18.

[2]) Hatch S. 98.

[3]) British Industrial Experience during the War. Presented by Mr. Hollis. 29. 6. 1917. Referred to the Committee of Printing. Washington. Gov. Print. Office 1918. 65th Congress. I. Session. Document Nr. 114.

[4]) Hatch S. 39/40.

liche Steigerung das erstrebenswerte Ziel darstellte. Dagegen sprach aber vor allen Dingen der Umstand, daß, wie schon oben einmal erwähnt wurde, die Eisenindustrie selbst einer ihrer besten Kunden ist. Der Ausbau nahm die knappen Vorräte sehr in Anspruch. Hierin lag also eine Beschränkung. Eine zweite war durch die Knappheit an Rohmaterialien gegeben. Zunächst stellte man als Programm eine Vermehrung von 2 Millionen Tonnen auf [1]). Diese Zahl entspricht auffällig dem Betrage, den der Import fremden Eisen und Stahles im letzten Friedensjahre ausgemacht hatte, als er eine Höhe von 2 231 000 Tonnen aufwies. Man geht wohl nicht fehl, wenn man annimmt, daß die Absicht, in Zukunft den Import überflüssig zu machen, ebenso wie man ihn jetzt ersetzen wollte, der ersten Zahl zugrunde lag. Im Verlaufe des Jahres 1916 wurde eine nochmalige Erhöhung um drei Millionen Tonnen geplant und in Angriff genommen, als sich die Produktion immer noch als ungenügend erwies. Ein dritter Vorschlag dagegen, der eine Vermehrung von 1 500 000 Tonnen vorsah, wurde zurückgewiesen und nur in Einzelheiten aufrechterhalten.

Sodann mußte Klarheit darüber geschaffen werden, welche Verfahren zur Anwendung kommen sollten. Das war unter den bestehenden Kriegsverhältnissen im wesentlichen eine Frage der Rohstoffbeschaffung und der Wirtschaftlichkeit. Bisher beherrschte in der Stahlerzeugung das Siemens-Martin-Verfahren in seinen beiden Zweigen, dem sauren und dem basischen — das basische Verfahren hinter dem sauren zurückstehend —, das Feld. Der Thomas-Prozeß kam wegen des Mangels an genügend phosphorhaltigen Erzen nicht in Betracht. Auch das Bessemer-Verfahren schied von vornherein aus. Die Frage spitzte sich zu auf die Wahl zwischen dem sauren und dem basischen Martin-Verfahren. Gegen das Bessemer-Verfahren sprachen verschiedene Bedenken. Unter dem Gesichtspunkt der Rohstoffbeschaffung kam im Vergleich zum Martin-Verfahren in Betracht, daß die Verwendung des Schrotts, den der Krieg in so reichem und steigendem Maße darbot, hier ausgeschlossen war. Dies berührte zugleich die Wirtschaftlichkeit, denn aus derselben Roheisenmenge ließ sich nach dem Martin-Verfahren infolge des Schrottzusatzes eine größere Menge Stahl gewinnen. Deshalb wurde sogar der Vorschlag gemacht, die Bessemer-Werke zugunsten der Martin-Werke stillzulegen und sie umzubauen [2]). Daß auch der Abbrand im Bessemer-Verfahren größer ist, dürfte weniger trotz der durch den Krieg gebotenen Sparsamkeit zur Geltung gekommen sein. Dafür fiel um so mehr ins Gewicht, daß der Martin-Prozeß einen Vorsprung in der Qualität seines Erzeugnisses besitzt, da er bekanntlich

---

[1]) Hatch S. 38.
[2]) ICTR. 1. 10. 16.

während der Charge eine genaue Einwirkung gestattet, die sich beim Bessemern wegen des schnellen Verlaufes von selbst verbietet.

Beide Martin-Verfahren, das saure wie das basische, wurden anfangs als gleichberechtigt betrachtet, sah doch das zweite Programm bei einer Gesamtsteigerung von 3 Millionen Tonnen für das saure Verfahren einen Anteil von einer Million Tonnen vor [1]). Das änderte sich, als man Ende 1916 gezwungen wurde, zum basischen Roheisenprogramm überzugehen. Jetzt fiel auch das saure Verfahren aus, und die Möglichkeit der Steigerung ruhte allein beim basischen. Daneben ward das Elektroverfahren begünstigt, vermittelst dessen der Bedarf an Qualitätsstählen und feineren Sorten gedeckt werden sollte.

Zwei Arten von Schwierigkeiten machten sich teils sofort, teils im Verlaufe der Zeit geltend, die, obwohl sie beide den Kriegsverhältnissen entsprungen sind, doch nicht die gleiche Wirkung gehabt haben. Jene der ersten Art brachten nur eine Verzögerung in die Durchführung der Arbeiten und waren mehr als hinderlich denn als wirklich gefährlich anzusehen, während diejenigen der zweiten Art die Ausführung des ursprünglichen Programms in Frage stellten und seine vollkommene Änderung erzwangen.

Was die Schwierigkeiten der ersten Art anlangt, so traten gleich anfangs zwei Mängel hervor, erstens eine Knappheit an Arbeitskräften, die durch die Einberufung der Arbeiterschaft zum Heeresdienst veranlaßt war, und zweitens der Umstand, daß die Errichtung der Neubauten viel Zeit beanspruchte, da die Baumaterialien spärlich waren und die Zahl der mit dem Bau derartiger Anlagen vertrauten Firmen nicht genügte, um die zahlreich einlaufenden Aufträge der Werke rasch zu erledigen [2]). Daher ist es verständlich, wenn sich in der Ausführung der Baupläne eine Verzögerung geltend machte und die Produktionsfähigkeit der Werke unter dem Druck des Arbeitermangels nicht voll ausgenutzt werden konnte.

Weitaus am bedrohlichsten gestalteten sich die Schwierigkeiten der zweiten Art, die aus dem Mangel an Erzen hervorwuchsen. Zum Glück waren sie wenigstens in ihrem Ursprung eng begrenzt und erstreckten sich nicht auf den gesamten Vorrat. Nur durch das Problem, das sie schufen, erfuhr ihre Wirkung eine Ausdehnung und wurde zum Anlaß allgemeiner Sorgen.

Das Vorherrschen des sauren Verfahrens in Friedenszeiten hatte einen starken Verbrauch phosphorfreier Erze im Gefolge. Von einem Gesamtverbrauch von rund 24 Millionen Tonnen im Jahre 1913 bestanden etwa 7 Millionen Tonnen aus hochprozenti-

[1]) Hatch S. 39.
[2]) Hatch S. 40.

gen Erzen dieser Art. Auf die heimische Förderung entfielen davon nicht mehr als rund 2 Millionen Tonnen, die aus Cumberland und Lancashire stammten. Der Rest wurde importiert, und zwar vorzugsweise aus Spanien. Über die Bedeutung dieser Abhängigkeit ist weiter oben gesprochen worden. Sie erwies sich jetzt als von größtem Übel, denn Frachtraumnot und U-Bootskrieg drohten beständig, besonders aber seit dem Frühjahr 1917, als der verschärfte U-Bootskrieg begann, mit Einschränkung und Unterbindung der Zufuhr. Man mußte froh sein, wenn sich die Einfuhr einigermaßen auf der bisherigen Höhe hielt. Dies ist zwar nicht ganz gelungen, immerhin ist die Einfuhr nur wenig gegen den Durchschnitt der letzten Friedensjahre zurückgeblieben, wie aus den Zahlen hervorgeht:

| Jahr | Manganerze | Andere Eisenerze | Gesamtimport |
|---|---|---|---|
| 1913 | 211 644 | 7 230 600 | 7 442 244 |
| 1914 | 165 493 | 5 539 255 | 5 704 748 |
| 1915 | 138 968 | 6 058 187 | 6 197 155 |
| 1916 | 81 992 | 6 823 944 | 6 905 936 |
| 1917 | 135 061 | 6 054 594 | 6 189 655 |
| 1918 | 123 606 | 6 442 254 | 6 565 860 [1] |

Die durchschnittliche Erzeinfuhr seit 1910 betrug etwa 6 500 000 Tonnen jährlich.

Die Unregelmäßigkeit des Imports aber, der von 6,8 Millionen Tonnen im Jahre 1916 auf 6 Millionen Tonnen im nächsten Jahre fiel, um 1918 wieder auf 6,4 zu steigen, genügte schon, um die Hämatitroheisenerzeugung von 4,0 auf 3,5 Millionen Tonnen im selben Zeitraum fallen zu lassen. 1916 setzte die Gefahr ein, also gerade zu einer Zeit, als mit allen Mitteln auf die Steigerung der Produktion hingearbeitet wurde. Es war klar, daß für diesen Zweck der Import fremder Erze jegliche Bedeutung verloren hatte. Nun blieb nichts anderes übrig, als auf den Inlandserzvorrat zurückzugreifen, der den unmittelbaren Einflüssen des Krieges entzogen war. Und hier trat eine weitere Einschränkung hinzu. Da die Gruben in Cumberland und Lancashire schon voll ausgenutzt wurden und andere abbauwürdige Lagerstätten phosphorarmer Erze nicht zur Verfügung standen, so war man gezwungen, sich an die phosphorhaltigen Erze zu halten. Damit war das Ziel, die Stahlproduktion zu steigern, in doppelter Weise erschwert.

[1]) Hatch S. 121.

Erstens war die ausgiebige und schnelle Vermehrung des Erzangebotes sehr viel schwieriger. Der Erzbedarf wurde durch die Verwendung dieser Erzsorte erhöht, da sie im Vergleich zum Hämatit geringwertiger ist und infolgedessen in größerer Menge benötigt wird. Die vorhandenen Fördermöglichkeiten reichten aber schon an und für sich nicht aus, um den zusätzlichen Erzbedarf des Stahlprogramms zu befriedigen. Nichts war darum notwendiger als die Aufschließung und Inbetriebnahme neuer Felder. Die Gefahr, welche im Zurückbleiben des englischen Bergbaues und in der Abhängigkeit vom Auslande lag, war zur Wirklichkeit geworden. Zweitens brachte die Eigenart dieser Erze, die sich meistens neben niedrigem Eisengehalt durch hohen Kieselsäuregehalt auszeichnen [1]), es mit sich, daß auch auf den folgenden Produktionsstufen erhebliche Änderungen vorgenommen werden mußten. Die Zusammensetzung des Möllers wurde geändert, was wiederum zu vermehrtem Gebrauch von Koks und Kalkstein führte. Am wichtigsten war jedoch der Umstand, daß der Phosphorgehalt des Erzes die Stahlwerke zwang, das basische Martin-Verfahren zur Anwendung zu bringen, denn er beträgt bei den in Cleveland, Lincolnshire, Oxfordshire, sowie in den angrenzenden Gebieten geförderten Erzen von 0,23 bis 0,60 %. Das berührte wiederum die Versorgung mit feuerfesten Materialien. Aus allem ergaben sich Hindernisse, die durch das Ungewohnte der Veränderungen noch verstärkt wurden. Um sie zu überwinden, wurde Anfang 1917 das „basische Eisenprogramm" aufgestellt und vom Iron and Steel Department eine besondere Unterabteilung ins Leben gerufen: The Committee of Home Iron Ore Supply, dessen Tätigkeit sich aber im Gegenteil zu seinem Namen auf alle Zweige der Eisenindustrie erstreckte.

Die Durchführung der umfangreichen und vielseitigen Maßnahmen, die in enger Wechselwirkung miteinander stehen, läßt sich am besten durch eine Schilderung dessen darstellen, was auf jeder Stufe geschah.

In der Stahlwerksindustrie wurde die Ausdehnung der Werke mit dem größten Nachdruck betrieben. Die Anlage von nicht weniger als 166 neuen Martinöfen wurde in den Jahren 1916 bis 1918 von dem Munitionsministerium genehmigt. Wie man aus der Aufstellung entnehmen kann, fallen die meisten Projekte in das Jahr 1916. Ihre Zahl beträgt 122, denen in den nächsten Jahren nur 44 gegenüberstehen. Das ist nichts Auffallendes, wenn man bedenkt, daß in die Zeit von 1916 der Entwurf zur Steigerung der Stahlproduktion fällt, vermittelst dessen die Aufgabe, den Kriegsbedarf zu decken, gelöst werden sollte. Das Spätere war wohl mehr als eine Ergänzung gedacht.

---

[1]) Hatch S. 75 u. S. 134 f., Erzanalysen.

Vom Munitionsministerium genehmigte Neubauten in den Jahren 1916/17/18 für Stahlwerke, eingeteilt nach der Art des zur Verwendung gelangenden Verfahrens.

| Bezirke | 1916 | | | 1917—18 | | |
|---|---|---|---|---|---|---|
| | basisch | sauer | Summe | basisch | sauer | Summe |
| Schottland | 31 | 8 | 39 | — | — | — |
| Nordostküste | 14 | 1 | 15 | 7 | 2 | 9 |
| Lincolnshire | 6 | — | 6 | 3 | — | 3 |
| Midlands | 24 | 8 | 32 | 14 | 2 | 16 |
| Südwales | 7 | 5 | 12 | 7 | 0 | 7 |
| Cumberland | 10 | 8 | 18 | 7 | 2 | 9 |
| Summe: | 92 | 30 | 122 | 38 | 6 | 44 |

(Zusammengestellt nach Hatch S. 41.)

Wesentlich interessanter und bedeutungsvoller sind die Unterschiede, die sich bei einem Vergleich unter Berücksichtigung der Verfahren ergeben. In ihnen spiegeln sich die Schwierigkeiten der Durchführung wieder. Bei den Neuanlagen des Jahres 1916 steht das basische Verfahren zwar schon weitaus voran, doch nimmt der saure Prozeß immerhin noch ein Drittel der Öfen, nämlich 30, für sich in Anspruch. Dagegen ist 1917/18 sein Anteil auf ein Siebentel gesunken. Die verringerte Einfuhr ausländischer Erze macht sich bemerkbar. Ihretwegen wurde um diese Zeit auch bei den bereits bestehenden Anlagen eine Änderung notwendig. Sie gaben den sauren Prozeß auf und stellten sich auf den basischen um.

Das gleiche zeigte sich, wenn man den Anteil der Verfahren in den einzelnen Distrikten betrachtet. Ihre Reihenfolge, geordnet nach der Zahl der geplanten basischen Herde, war im Jahre 1916: Schottland 31, die Midlands 24, die Nordostküste 14, Cumberland und Lancashire 10, Südwales 7 und Lincolnshire 6. Besonders auffallend ist die hohe Zahl in Cumberland und Schottland, die beide als die Heimat des sauren Verfahrens bezeichnet werden können. Hier mußte der Ausfall des Imports durch vermehrte Verwendung von Inlandserz ausgeglichen werden. In den Midlands und an der Nordostküste war es wohl mehr die gesteigerte Erzförderung, die gerade hier stattfand, welche den Anlaß zu der Vermehrung der Anlagen gab, sowie der Umstand, daß hier die meisten Hochöfen zur Gewinnung phosphorhaltigen Roheisens zur Verfügung standen. In den Midlands wie auch in Schottland mag der Ersatz des Puddelverfahrens, das für die Kriegserzeugung mehr hinderlich als nützlich war — vor allem wegen der relativen Unmöglichkeit der Steigerung der Erzeugung —, eine Rolle gespielt haben.

Die Frage, welche Werke eine Ausdehnung ihrer Anlagen vornahmen, läßt sich nicht mit Sicherheit beantworten. Man darf aber wohl ohne weiteres annehmen, daß alle oder doch beinahe alle es getan haben, vor allem die größeren. Daß jede Möglichkeit ausgenutzt wurde, dafür spricht schon die Dringlichkeit der Nachfrage und der Umfang der tatsächlich erreichten Produktionssteigerung sowie das Bestreben, nicht hinter der Konkurrenz zurückzubleiben. Jetzt bot sich jedem die beste Gelegenheit, Versäumtes nachzuholen und sich für die Zukunft vorzubereiten.

Da man gegenüber dem ziffernmäßigen Ergebnis, das die Bemühungen des Munitionsministeriums gehabt haben, nur zu einer richtigen Würdigung gelangen kann, wenn man von der Grundlage der Roheisenerzeugung ausgeht, so soll diese zunächst Erwähnung finden.

Hier lagen die Verhältnisse etwas anders als in der Stahlindustrie. In den Produktionsprogrammen des Jahres 1916 wurde weniger Wert gelegt auf Neubauten als auf die Inbetriebnahme bereits vorhandener Öfen. Es ist ja eine gewöhnliche Erscheinung der englischen Roheisenindustrie, daß sich zwischen den in Betrieb befindlichen Öfen und den überhaupt vorhandenen eine beträchtliche Spannung befindet. In der Wiederinbetriebnahme der stillstehenden Öfen bot sich die beste Gelegenheit zu einer baldigen Steigerung der Produktion. Bis März 1917 waren insgesamt 89 Hochöfen zum Anblasen vorgesehen. Darunter waren nur 20 neue. Vom Juni 1916 bis zu diesem Zeitpunkt waren auch bereits 33 im Gange, die wöchentlich ungefähr 18 000 Tonnen Roheisen lieferten [1]). Wäre nicht der Rohstoff- und Arbeitermangel gewesen, so hätte man mit noch besseren Resultaten rechnen können. Das Nachlassen des Erzimports brachte die Notwendigkeit mit sich, die Hochöfen auf die Gewinnung „basischen" Roheisens umzustellen. Dank der Anstrengung des Home Ore Supply Committee gelang es, die Produktion erheblich zu vermehren. Von 47 920 Tonnen wöchentlich im März 1916 erreichte sie den höchsten Punkt im Mai 1918, als sie 65 530 Tonnen betrug. Das Gesamtergebnis stellt sich folgendermaßen dar [2]):

| Jahr | Hämatit | „Basisch" | Gießerei | Legiergn. | Summe |
|---|---|---|---|---|---|
| 1913 | 3 604 823 | 2 529 800 | 3 801 547 | 324 145 | 10 260 315 |
| 1914 | 3 225 403 | 2 002 500 | 3 369 516 | 326 354 | 8 923 773 |
| 1915 | 3 564 276 | 2 272 684 | 2 701 215 | 255 484 | 8 793 659 |
| 1916 | 4 042 014 | 2 290 549 | 2 423 575 | 291 845 | 9 047 983 |
| 1917 | 3 921 927 | 2 722 791 | 2 378 870 | 298 190 | 9 321 778 |
| 1918 | 3 556 748 | 2 986 827 | 2 301 802 | 240 975 | 9 086 352 |

[1]) Hatch S. 20.
[2]) Hatch S. 120.

Um rund eine Million war demnach die Kriegserzeugung kleiner als die von 1913. Ihren tiefsten Stand hatte sie im Jahre 1915, um sich von da ab wieder etwas zu erholen. Dem entspricht ungefähr der Verlauf der Hämatiterzeugung, während die Erzeugung basischen Roheisens sich dadurch von beiden unterscheidet, daß sie einen Rückschlag vermeidet und sich seit dem ersten Kriegsjahr in dauerndem Wachsen befindet. Sie ist die einzige Roheisensorte, welche eine Steigerung aufzuweisen hat, und zwar eine solche von ungefähr einer Million Tonnen. Das Sinken der dritten Sorte, des Gießereiroheisens, ist nach dem oben Gesagten erklärlich. Es ging zugunsten des basischen Roheisens. Darauf scheint der Fehlbetrag gegen 1913 hinzudeuten.

Bei diesem Stande der Dinge ist es natürlich, daß man sich nach anderweitigen Möglichkeiten umsah, den Roheisenvorrat zu mehren. Ebenso wie beim Stahl wurde die amerikanische Hilfe angerufen. In der Zeit von Oktober 1916 bis August 1918 wurden 59 000 Tonnen Hämatitroheisen und 145 000 Tonnen „basisches" Roheisen importiert, denen späterhin noch weitere 94 000 folgten [1]).

Im Vergleich hierzu zeigt die Stahlerzeugung nicht nur insgesamt, sondern auch bei den einzelnen Sorten ein Steigen.

| Jahr | Saures Verfahren | Basisches Verfahren | Summe |
|---|---|---|---|
| 1913 | 4 860 154 | 2 803 722 | 7 663 879 |
| 1914 | 4 477 920 | 3 357 193 | 7 835 113 |
| 1915 | 4 912 160 | 3 637 855 | 8 550 015 |
| 1916 | 5 421 583 | 3 570 146 | 8 991 729 |
| 1917 | 5 673 150 | 4 043 394 | 9 716 544 |
| 1918 | 4 992 106 | 4 547 333 | 9 539 439 [2]) |

Die Gesamterzeugung ist um rund 2 Millionen Tonnen gegen das Jahr 1913 gewachsen — wie wir später sehen werden, ein außerordentlich bemerkenswerter Umstand. Dies ist gänzlich auf Rechnung des basischen Verfahrens zu setzen, dessen Zuwachs 1 700 000 Tonnen beträgt, während das saure Verfahren bei einer geringen Vermehrung von 100 000 Tonnen praktisch gleich geblieben ist. Dadurch hat sich auch das gegenseitige Verhältnis beider Sorten verschoben. Vor dem Kriege, im Jahre 1913, wurden im sauren Verfahren 4,9 und im basischen 2,8 Millionen Tonnen gewonnen. 1918 hielten sich beide die Wage. Nach dem Kriege tritt auch das Übergewicht des Herdofenverfahrens über den

---

[1]) Hatch S. 23.
[2]) Hatch S. 120.

Konverterbetrieb noch deutlicher hervor. Hier verhalten sich die Zahlen wie folgt:

| Jahr | Konverterbetrieb | Herdofenbetrieb |
|---|---|---|
| 1913 | 1 626 312 | 6 160 186 |
| 1918 | 1 354 922 | 7 980 848 |

Das Wichtige und Charakteristische der angeführten Zahlen gibt sich zu erkennen, wenn man Roheisen- und Stahlerzeugung zueinander in Beziehung bringt.

1916 hat zum ersten Male in der Geschichte der englischen Eisenindustrie die Stahlproduktion die Roheisenproduktion übertroffen und ihren Vorsprung auch in den nächsten beiden Jahren gewahrt. Das war nur möglich mit Hilfe eines Rohmaterials, das der Krieg selbst schaffte. Dem Schrott ist es zu danken, daß sowohl in der Gesamtsumme des Stahls als auch bei den einzelnen Erzeugungsmengen trotz der Roheisenknappheit ein so günstiges Bild zustande kam. Beträgt doch die Differenz zwischen der Erzeugung basischen und sauren Roheisens einerseits und dem Stahl andererseits jeweils rund 1½ Millionen Tonnen. Je mehr Kriegsmaterial hergestellt wurde, um so größer war der Schrottentfall. Das meiste davon ging in die Stahlwerke. Den Hochöfen kam es weniger zugute. Während in Friedenszeiten der Schrottverbrauch nicht mehr als 30 %, in vielen Fällen 10 bis 15 % des Einsatzes betragen hatte, kam er jetzt bis auf 50 % [1]. So vorteilhaft auch die Verwendung des Schrotts war, da sie es ermöglichte, den Mangel an Roheisen und indirekt an Erz auszugleichen, sie hatte doch auch eine andere Seite und von hier aus betrachtet stellt sich die Stahlerzeugung als das dar, was sie in Wirklichkeit ist, nämlich eine ausgesprochene Kriegserscheinung. Die Verringerung des Schrottangebots nach Kriegsende mußte — zumal bei der Lage des Rohstoffmarktes, wie sie sich später herausbildete — Schwierigkeiten für die Werke im Gefolge haben.

Eine besondere Erwähnung verdienen die Fortschritte im Elektroverfahren, das während des Krieges beträchtlich an Boden gewann. 1913 betrug die Zahl der Öfen im Ganzen 11 mit einer jährlichen Produktion von rund 10 000 Tonnen. Ende 1918 waren es 140 Öfen mit einer Produktion von 150 000 Tonnen, die bei vollster Beschäftigung aller Werke auf das Doppelte gesteigert werden konnte [2]. 1910 besaßen fünf Werke Elektroöfen, 1920 84 [3]. Auch in Deutschland und den Vereinigten Staaten wurden

[1] ICTR. Mai 7, 1920.
[2] ICTR. 7. 5. 1920.
[3] Nach Ryland's Directory gezählt. Jahrg. 1910 und 1920.

infolge der starken Nachfrage nach Qualitätsstahl zahlreiche Elektroöfen in Betrieb genommen. Bemerkenswert ist es aber, daß, während in Deutschland die Erzeugung von Elektrostahl von 1913 bis 1918 verdreifacht wurde und sich in Amerika auf das Fünfeinhalbfache vervielfältigte, in England eine Steigerung um das Fünfzehnfache stattfand. Für diese starke Zunahme, die in geringerem Maße in Amerika zu beobachten ist, muß ein besonderer Grund vorhanden sein. Er wird gegeben durch die Stellung, welche das Martin-Verfahren im Produktionsprozeß einnimmt. Die deutsche Entwicklung ging dahin, dem Martin-Verfahren eine besondere Qualitätsarbeit zuzuweisen und seine nach dieser Richtung hin bestehenden Vorzüge weiterzuentwickeln. Auf dem Wege der Massenproduktion wurde im Thomas Prozeß gewöhnliches Flußeisen oder Stahl gewonnen. Elektrostahl kam nur für ganz besondere Zwecke in Betracht. In England und Amerika war es anders [1]). Der Sieg des Martinverfahrens über den Konverterbetrieb führte dazu, diesem Verfahren die Aufgabe der Massenproduktion zu übertragen. In der Abart des Talbotverfahrens, in der Größe der Herde tritt dieses Bestreben zutage. Gerade in England war während des Krieges das Martin-Verfahren der Träger der Massenfabrikation. Viele Spezialitäten, die in Deutschland der Martin-Betrieb noch zu liefern vermochte, mußten hier dem Elektroverfahren überwiesen werden. Daher sein außerordentliches Wachstum, dem auch die Frage der Wirtschaftlichkeit bei den Kriegspreisen und der außerordentlichen Nachfrage kein Hindernis bereitete.

In der Erzversorgung, die ihren stärksten Antrieb durch das basische Roheisenprogramm erhielt, reichten die vorhandenen Fördermöglichkeiten nicht aus, wie schon oben erwähnt wurde, um dem vermehrten Bedarf zu genügen. Erzvorkommen standen an und für sich zwar in genügender Menge zur Verfügung, wie eine umfassende Untersuchung bewies. Sie entsprachen in der Mehrzahl leider nicht den Anforderungen, die im Interesse einer schnellen Förderung gestellt werden mußten [2]). Ungünstige Transportlage oder die Notwendigkeit langwieriger Vorarbeiten bildeten einen Hinderungsgrund für ihre Ausnützung. Nur in Cleveland und den Midlands war die Sachlage günstiger. Die Vorkommen in den Ostmidlands erwiesen sich als besonders leicht zugänglich, da die Erze im Tagebau gewonnen werden konnten, was nicht nur eine Ersparnis an Kapital und Arbeitskräften bedeutete, sondern auch eine gesteigerte Förderung, die vor allem durch Maschinen erfolgte.

---

[1]) Vgl. Technische Blätter der D. B.-Z. Jahrg. 1921, Nr. 16, S. 219.
[2]) Hatch S. 66f.

Die englische Erzförderung [1]).

| Jahr | Hämatit | Phosphorhaltiges Erz | Insgesamt |
|---|---|---|---|
| 1913 | 1 767 088 | 14 230 240 | 15 977 328 |
| 1914 | 1 630 682 | 13 236 900 | 14 867 582 |
| 1915 | 1 656 494 | 12 578 518 | 14 235 012 |
| 1916 | 1 608 353 | 11 886 305 | 13 494 658 |
| 1917 | 1 586 429 | 13 441 473 | 15 027 902 |
| 1918 | 1 549 962 | 13 494 911 | 15 044 373 |

Die gesamte Förderung stellte sich im Jahre 1918 auf 15 044 373 Tonnen gegenüber 15 997 328 im Jahre 1913. Getrennt nach Sorten zeigt sich gleichfalls ein Rückgang. Immerhin ist noch insofern ein Erfolg festzustellen, als von 1916 ab, wo die Förderung ihren tiefsten Stand erreichte, im Gesamtergebnis eine entschiedene Aufwärtsbewegung einsetzt, die auf die vermehrte Gewinnung phosphorhaltiger Erze zurückgeht. Die Mühe des Home Iron Ore Cttee. war nicht vergebens gewesen.

Eine tiefgehende Wirkung hat der Krieg auf die Verkokungsindustrie ausgeübt. Zwei Umstände trafen hier zusammen, um eine Steigerung der Produktion zu veranlassen, erstens die aus dem Bedarf der Munitionsindustrie entspringende Nachfrage nach den Nebenerzeugnissen der Verkokung, zweitens die Nachfrage nach Hochofenkoks. Beides bildete eine treffliche Ergänzung zueinander. In Friedenszeiten war die Nebenproduktengewinnung recht wenig entwickelt. Noch 1913 wurden 42 % des Koks in Bienenkorböfen gewonnen. Durch Einführung moderner Kokereien war ein dreifacher Erfolg zu erzielen: Vermehrung der Nebenproduktengewinnung, Steigerung der Kokserzeugung und drittens eine Modernisierung der Anlagen. Wie weit man es im Kriege gebracht hat, ist daraus zu entnehmen, daß 1918 bereits 80 % der Kokserzeugung für Hüttenzwecke aus Anlagen mit Nebenproduktengewinnung stammten gegenüber 58 % im Jahre 1913. Die Zahl der Bienenkorböfen fiel in dieser Frist von 13 167 auf 6399. Im ganzen rechnete man mit einer Erhöhung der Kokserzeugung um 50 % oder mit einer jährlichen Menge von 16½ Millionen Tonnen für die Nachkriegszeit.

Die Veränderungen, welche sich in der Versorgung mit Kalkstein und feuerfesten Materialien zugetragen haben, sind zu unwesentlich, als daß sie mehr als einen Hinweis verdienen. Die auch hier bestehende Knappheit ließ die Werke ihre Abhängigkeit in der Versorgung mit diesen Stoffen fühlen und löste ein Streben aus, sich davon zu befreien.

---

[1]) Hatch S. 120.

## III. Das Ergebnis der Maßnahmen.

### 1. Für die Deckung des Kriegsbedarfs.

Das Ergebnis, welches die Maßnahmen des Munitionsministeriums gehabt haben, ist nach zwei Richtungen zu beurteilen. Die ursprünglich dem Ministerium gestellte Aufgabe war die Deckung des Kriegsbedarfes an Eisen und Stahl. Die Art der Durchführung brachte es jedoch mit sich, daß den zu diesem Zweck getroffenen Maßnahmen eine besondere Bedeutung für die Reorganisation zukommt. Es fragt sich, was in beiden Fällen erreicht ist.

Was die Deckung des Kriegsbedarfes anlangt, so darf man diesen Ausdruck nicht zu eng fassen. Neben den Erfordernissen der Heeresausrüstung, die in erster Linie darunter zu verstehen ist, gab es andere nicht minder wichtige, die ebenfalls ihre Entstehung den Kriegsverhältnissen verdankten und für die Kriegführung wesentlich waren. Man braucht nur an die durch die Frachtraumnot außerordentlich gesteigerte Nachfrage von seiten des Schiffbaues zu denken oder an die Beschaffung der für die Neubauten und Erweiterungsanlagen der Industrie benötigten Materialien.

Dieser ganze Bedarf konnte befriedigt werden, zwar nicht reibungslos und auch nicht ohne fremde Hilfe, aber doch so weit, daß die Kriegführung keinen Schaden erlitt. Durch die Rationalisierung der Nachfrage war dafür gesorgt, daß das Defizit der Produktion von der weniger dringlichen Nachfrage getragen werden mußte. Den besten Begriff geben die von Hatch angeführten Zahlen über die Lieferung von Stahl zur Granatenfabrikation:

| Jahr | Lieferungen | | Summe |
|---|---|---|---|
| | in England | an die Alliierten | |
| 1915 | 145 900 | 63 269 | 209 169 |
| 1916 | 1 145 798 | 570 190 | 1 792 185 |
| 1917 | 1 218 191 | 528 031 | 2 334 712 |
| 1918 [1]) | 877 971 | 117 494 | 1 596 217 |

(Die Zahlen für 1918 verstehen sich nur bis zum 30. 11.)

Die Inlandsproduktion von Geschoßstahl wurde von 1913 bis 1917 um das 8,3-fache gesteigert. Zuzeiten ging nicht weniger als ein Drittel der Rohstahlerzeugung darin auf. Die wesentlich geringere Zahl des Jahres 1918 ist nicht allein auf das Fehlen der Dezemberproduktion zurückzuführen, die Ursachen liegen vielmehr in der Veränderung der Nachfrage von seiten des Schiff-

[1]) Hatch S. 12.

baues, die seit dem zweiten Viertel des Jahres 1917 stark zugenommen hatte. Ihretwegen wurde die Produktion von Geschoßstahl eingeschränkt und durch den Import und weniger Lieferungen an die Alliierten zu ersetzen versucht. Immerhin bleibt als Ergebnis bestehen, daß der Kriegsbedarf gedeckt werden konnte.

### 2. Das Ergebnis für die Reorganisation.

Nicht minder wichtig ist die Frage, welches Ergebnis die Tätigkeit des Ministeriums für die Reorganisation gehabt hat. Hier handelte es sich nicht nur um etwas Vorübergehendes, mag es im Augenblick auch noch so wichtig sein wie die Deckung des Kriegsbedarfes, sondern um die Zukunft der Eisenindustrie. Bei einer Beurteilung nach dieser Seite spielt es keine Rolle, daß ein Teil der geplanten Anlagen während des Krieges nicht mehr zur Ausführung gekommen ist. Man darf alles ohne Schaden als vollendet annehmen. Meistens waren die Anlagen schon begonnen und mußten über kurz oder lang fertiggestellt sein.

Aber aus einem anderen Grunde kommt den Maßnahmen für die Reorganisation nur eine beschränkte Bedeutung zu. Das ist bei allen, die nur vorübergehender Art waren, also den zwangswirtschaftlichen Maßnahmen zur Rationalisierung der Nachfrage, aber auch bei den Maßnahmen zur Rationalisierung des Angebotes, soweit sie nicht für die Dauer berechnet waren, ganz selbstverständlich. Sie tragen den Kriegscharakter in ganz ausgeprägtem Maße. Es gilt jedoch auch für diejenigen, die zu einem tieferen Eingriff in den Produktionsprozeß führten. Denn, da sie dem Ausbau der Werke zu dienen bestimmt waren, kehren sie die technische Seite hervor, und die mit der Reorganisation verbundenen Probleme der wirtschaftlichen Organisation treten mit wenigen Ausnahmen in den Hintergrund. Das gilt besonders für die Organisation der Unternehmungen, die naturgemäß darunter zu leiden hatte, daß während des Krieges die Industrie von außen her, durch das Ministerium, den Sonderzwecken der Kriegführung angepaßt wurde. Außerdem war die Aufgabe der Reorganisation, was diesen Teil anlangt, viel zu schwierig und völlig ungeeignet, als daß der Staat in der Lage gewesen wäre, sie zu meistern. Dazu bedurfte es eigener Anstrengungen der Industrie, die in dieser Zeit entweder in andere Bahnen gelenkt war oder sich überhaupt nicht betätigen konnte.

Somit läßt sich von vornherein sagen, daß das Ziel der Reorganisation nur unvollkommen erreicht werden konnte.

Die nur als vorübergehend gedachten Maßnahmen lassen sich aus der Betrachtung ausscheiden. Weiter unten wird noch einmal auf sie zurückzukommen sein. Hier sei nur die Standardisierung erwähnt, die vielfach unter dem Drucke des Krieges vorgenommen wurde. Aber auch sie erstreckte sich in erster Linie auf Kriegsmaterial und weniger auf gewöhnliches Formeisen. Die Aufhebung der Beschränkungen, welche die Verwendung des im basischen Verfahren hergestellten Stahles erschwerten, kann ebenfalls als förderlich für die Reorganisation angesehen werden. Hier hat die Kriegsnot wirklich gründlich mit alten Vorurteilen aufgeräumt und der Stahlindustrie eine zukunftsreiche Aussicht eröffnet.

Von größter Bedeutung sind dagegen die Eingriffe in den Produktionsprozeß, die zur Steigerung der Erzeugung unternommen wurden. An sie, und zwar in erster Linie an die Tatsache der Steigerung selbst, knüpfen die Vorgänge der Reorganisation an. Durch zweierlei ist sie bemerkenswert, erstens durch ihren Umfang und zweitens durch den Weg, den man dabei einschlug.

Dem Umfang nach ist das ursprüngliche Ziel, eine Vermehrung der Produktion um fünf Millionen Tonnen, nicht ganz erreicht worden. Doch war man schon so weit, daß, wenn nicht 1918 ganz besonders widrige Umstände in den Weg getreten wären, die Erzeugung die zehnte Million überschritten hätte. An der Erreichung der geplanten 12 Millionen Tonnen Nachkriegserzeugung fehlte jedenfalls nicht mehr so viel, um sie zu gefährden. Im letzten Friedensjahre hatte die Erzeugung 7,7 Millionen Tonnen betragen. Nach Fertigstellung der neuen Anlagen war demnach die Produktion um mehr als die Hälfte, um rund zwei Drittel, vergrößert. Für die einzelnen Werke war dies gleichbedeutend mit einem Übergang zur Massenproduktion. Zugleich wurde einer der am schwersten empfundenen Mängel beseitigt. Der Import fremden Stahles, der zu einer teilweisen Abhängigkeit vom Auslande geführt hatte, war mehr als ausgeglichen. Fortan konnte der Bedarf aus heimischen Quellen befriedigt werden. Wie sehr manche Werke auf die Herstellung ihrer Unabhängigkeit bedacht waren, zeigt unter anderen das Beispiel der „Scottish Steel Co.“, die sich, wie berichtet, im Jahre 1912 aus 12 schottischen Puddelwerken gebildet hatte; sie errichtete im Kriege oder kurz nachher ein neues Stahlwerk in Northburn bei Coatbridge, was ausdrücklich mit dem Wunsche geschah, ihren Bedarf an Knüppeln selbst zu decken, von denen sie früher annähernd 50 000 Tonnen im Jahre hatte zukaufen müssen [1]).

Eine Verminderung der Abhängigkeit vom Auslande brachte neben dem Umfang der Erzeugung die Anwendung des basischen Verfahrens, mit dessen Hilfe jene erreicht wurde. Sie gestattete den Gebrauch heimischer Erze in höherem Maße, als es in Friedenszeiten üblich gewesen war. Das setzte allerdings voraus, daß die Bemühungen des Munitionsministeriums um die Erzversorgung durch Steigerung der Inlandsförderung fortgesetzt wurden.

---

[1]) ICTR. 30. 4. 1920.

Hand in Hand damit geht eine Hebung der Qualität des Erzeugten. Sie ist ebenfalls dem basischen Martin-Verfahren und daneben dem Elektroverfahren zu danken. Angesichts der zukünftigen Anstrengungen, welche England auf dem Weltmarkt auf sich nehmen mußte, ist dies als ein besonders wertvolles Aktivum anzusehen.

Hierzu gesellt sich eine Reihe technischer Neuerungen, die einen entschiedenen Fortschritt bedeuten. Die mit der Steigerung der Produktion verbundene Ausdehnung der Werke hatte den Anlaß dazu gegeben.

Vielerorts ist die Betriebskombination weiter entwickelt worden. Einzelheiten darüber verlauten nur spärlich. Es genüge, einige Beispiele anzuführen, zumal Einzelheiten hierüber nur für den Techniker von Bedeutung sind. So haben Dorman, Long and Co. Ltd., Baldwins, die Ebbw Vale Iron and Steel Co., das bekannte Walliser Werk und die Redbourn Hill Iron and Coal Co. ihre Anlagen modernisiert. Zu den auffallenden Erscheinungen gehört die häufige Errichtung von Nebenproduktenanlagen, die ebenfalls einen Schritt vorwärts auf dem Wege zum gemischten Betrieb bedeutet. Nach Möglichkeit suchte man die letzten Errungenschaften der Technik anzuwenden. Arbeitsparende Maschinen wurden angeschafft, und die Schwierigkeiten in den Transportverhältnissen führten zu einer Verbesserung der Entladungs- und Umschlagsverrichtungen. Kurz, es wurde das Möglichste geleistet.

Und doch ist das Gesamtergebnis nicht so ausgefallen, daß man sagen könnte, die technische Parität mit der deutschen oder amerikanischen Eisenindustrie sei wiedergewonnen. Darüber gibt der Bericht einer Sachverständigenkommission, die zur Untersuchung der festländischen Eisenindustrie 1919 Frankreich, Lothringen, Luxemburg und den Niederrhein bereiste, Auskunft [1]. Im Mittelpunkt der Untersuchung stehen die großen deutschen Werke in Lothringen-Luxemburg. Die Kommission berechnete, daß zu damaliger Zeit die englischen Werke um 10 bis 15 % teurer arbeiteten als die deutschen. Sie kommt zu dem Schluß, daß nicht nur in der Gesundheits- und Wohlfahrtspflege, die den englischen Werken zur Nachahmung empfohlen wird, sondern auch in technischer Beziehung die deutschen Werke überlegen sind. Sie sucht Trost darin, daß durch den Krieg die Wettbewerbsgrundlagen vollkommen geändert sind, so daß nicht mehr dieselbe Gefahr wie früher für die englischen Werke besteht. Unzweifelhaft ist neben der Auseinanderreißung von Kohle und Erz, die der Friedensvertrag den lothringischen Werken brachte, dasselbe damit gemeint, was verschiedentlich von englischer Seite

---

[1]) Stahl und Eisen 1919, S. 1223.

geäußert wurde, nämlich daß die Werke in der Hand ihrer neuen Besitzer nicht ihre volle Kraft im Wettbewerb zum Ausdruck bringen werden.

Zu dieser ersten Unzulänglichkeit tritt eine zweite. Sie gründet sich auf die Tatsache, daß die Vermehrung der Stahlerzeugung nicht ihre Ergänzung in einer gleichzeitigen Produktionssteigerung der mit ihr, sei es nach oben wie in der Walzwerksindustrie, sei es nach unten wie in der Roheisenindustrie, verbundenen Zweige gefunden hat.

Daher kann das Urteil über die Tätigkeit des Ministeriums und ihre Bedeutung für die Reorganisation nicht so günstig lauten wie im ersten Fall, als es sich um die Befriedigung des Kriegsbedarfes handelte. Abgesehen davon, daß die Reorganisation nur zu einer Hälfte im Machtbereich des Munitionsministeriums lag, so ist doch auch dort, wo im Einklang mit der Hauptaufgabe eine weitgehende Einwirkung möglich war, auf dem Gebiete der Technik, das Maß dessen, was notwendig war, nicht erreicht worden.

Auch das hat seinen Grund. Denn bei der Erweiterung der Stahlwerksanlagen, wo der Schwerpunkt der Arbeit lag, handelte es sich in den meisten Fällen um ein Weiterbauen auf einer bereits vorhandenen Grundlage. Fügte es sich nun nicht so, daß es nur ergänzender Anlagen bedurfte, um den gemischten Betrieb ins Leben zu rufen, wie etwa bei den Redcarwerken von Dorman, Long and Co., so erfolgte wohl eine Ausdehnung des Betriebes, aber damit hörte die Sache auf. In bezug auf die vertikale Betriebsorganisation blieb alles beim alten.

Das Wachstum des Bedarfes begünstigte die horizontale Ausdehnung, aber der zweite Umstand, der schon im Frieden der Betriebsorganisation sein Gepräge gegeben hatte, das Alter, die Vergangenheit, wirkte auch jetzt noch und ließ sich nicht gänzlich überwinden.

In wirtschaftlicher und technischer Beziehung blieb die Reorganisation unvollendet.

II. Abschnitt.

# Die Konzentrationsbewegung.

## Die Konzentrationsbewegung in der englischen Eisenindustrie in und nach dem Kriege.

### I. Einleitung.

#### 1. Konzentrationsbewegung und Reorganisation.

Die bisherige Teillösung bedurfte nach verschiedenen Seiten ihrer Ergänzung. Insbesondere war es das Problem der wirtschaftlichen Organisation der Unternehmungen, das infolge seines privatwirtschaftlichen Charakters von den staatlichen Organen nicht berücksichtigt werden konnte. Hiermit mußte sich das Eigeninteresse der Werke selbst befassen.

Daher tritt zu dem ersten Teil der Reorganisation, der durch die staatliche Unterstützung gekennzeichnet ist, welche der Industrie gewährt wurde, ein zweiter hinzu, der aus eigener Kraft und Initiative erwuchs, die Konzentrationsbewegung der englischen Eisenindustrie.

#### 2. Das Charakteristische der Konzentration.

Rein äußerlich betrachtet ist sie in ihrem Verlaufe durch zweierlei gekennzeichnet: durch ihre kurze Dauer und durch die Wucht, mit welcher sie um sich greift. Etwa 1916 setzt sie ziemlich plötzlich ein. Wenigstens wird da erst eine größere Anzahl von Zusammenschlüssen gemeldet oder in Fachkreisen erörtert, während in den vorhergehenden Jahren, 1914 und 1915, noch recht wenig davon zu spüren ist. Der Höhepunkt liegt in den Jahren 1918 bis 1920. Besonders die beiden letzten ragen hervor. Ebenso plötzlich bricht die Bewegung Ende 1920 ab und kann praktisch als beendet angesehen werden, denn nach den vorliegenden Aufzeichnungen sind im Jahre 1921 und 22 nur noch zwei Zusammenschlüsse von größerer Bedeutung zustande gekommen. Dieses merkwürdige zeitliche Verhältnis läßt von vornherein den Schluß zu, daß besondere Umstände im Spiele gewesen sind, die sich in dem Verlaufe der Bewegung wiederspiegeln. Man erkennt den engen Zusammenhang der Konzentrationsbewegung mit dem Kriege. Sie ist auch insofern als eine Kriegserscheinung zu bewerten, als durch die oben erwähnte Behebung der Hemmungen und durch die Schaffung neuer Verhältnisse ein verstärkter Antrieb ausgelöst wurde. Es galt möglichst schnell das Fazit aus den Kriegswirkungen zu ziehen und die Grundlagen für den kommenden Kampf auf dem Weltmarkt zu schaffen oder zu verbessern. Das plötzliche Aufhören fällt dem Zusammenbruch der

Konjunktur zur Last, der durch innere Krisen im englischen Wirtschaftsleben, vor allem im Kohlenbergbau, verschärft wurde und zu einer allgemeinen Unsicherheit der Lage führte.

Was das zweite Kennzeichen anlangt, so sind die Gründe dafür denen ganz ähnlich, welche das Einsetzen der Bewegung veranlaßten. Alte und neue Kräfte treffen zusammen. Es ist die Notwendigkeit, alte Fehler zu beseitigen, die durch die neue Entwicklung in und nach dem Kriege teils erleichtert und teils verstärkt wurde. Die Wucht, mit der die Umgruppierung erfolgte, kommt zum Ausdruck in der Mannigfaltigkeit und dem Umfang der Zusammenschlüsse. Nur wenige Werke haben abseits gestanden. Fast alle sind sie mitgerissen worden. Verschiedentlich kamen nicht nur Zusammenschlüsse unter einzelnen Unternehmungen zustande, sondern große Konzerne, die bereits eine Mehrzahl von Gliedern aufzuweisen hatten, schlossen sich aneinander. Von der Rohstoffversorgung über das Gebiet der Produktion bis in die Sphäre des Absatzes erstreckt sich das Organisationsstreben und fügt dem Umfang die Mannigfaltigkeit hinzu. In örtlicher Beziehung verläßt es die Grenzen des Vereinigten Königreichs und dehnt sich aus bis über das Meer, bis in die fernsten Gebiete.

Das Hastige und Bunte des äußeren Vorganges ist nicht ohne Einfluß auf die Darstellung des Geschehenen. Es tut sich eine Unübersichtlichkeit hervor, welche oftmals die Unterscheidung des Wesentlichen und Unwesentlichen erschwert. Fügt man dem hinzu, daß die Einzelheiten des konkreten Vorganges vielfach — gerade in bezug auf die finanzielle Regelung — in England ebenso wie in den Vereinigten Staaten, noch mehr als bei uns in Deutschland, der Kenntnis der Öffentlichkeit entzogen bleiben, daß ferner die Schwierigkeiten der Materialbeschaffung nicht immer überwunden werden konnten, so findet die Lückenhaftigkeit der Darstellung zwar nicht ihre Entschuldigung, aber doch eine Erklärung. Dieser Mangel ist nicht so bedeutend, denn es kommt hier weniger auf die Technik der Konzentrationsbewegung an, die der Gegenstand einer Sonderdarstellung sein müßte — vornehmlich was die finanzielle Durchführung anbetrifft —, als auf die Wahrung der volkswirtschaftlichen Zusammenhänge. Von der Fülle der Erscheinungen gilt es zu abstrahieren, wenn man jene Kräfte klar und deutlich erkennbar machen will, als deren Ausdruck die Konzentrationsbewegung anzusehen ist.

## II. Die treibenden Kräfte.

Der Krieg brachte eine vollständige Verschiebung aller wirtschaftlichen Bedingungen mit sich. Das ist es, wodurch die Konzentrationsbewegung ein besonderes Aussehen gewinnt. Ihre treibenden Kräfte haben eine nachhaltige Verstärkung erfahren. Auf dem Gebiete der Produktion sowohl wie in den Marktverhältnissen sind die speziellen Ursachen zu finden, denen diese Wirkung zuzuschreiben ist.

### 1. Die treibenden Kräfte in den Produktionsverhältnissen.

Auf dem Gebiet der Produktion bildet die Tätigkeit des Munitionsministeriums den Ausgangspunkt, und zwar in doppelter Weise. Zunächst mußte man mit den Verbesserungen des Produktionsapparates fortfahren, um das zu vollenden, was dem Ministerium nicht gelungen war. Es handelte sich um den weiteren Ausbau der Werke in Richtung der Massenproduktion und des gemischten Betriebes.

Der Kombinationsbetrieb war durch die Neubauten während des Krieges sehr gefördert worden. Dies war auch der natürliche Weg zu seiner Aufnahme. Allein es wurde dessen Erwähnung getan, daß schon in Friedenszeiten dasselbe Ergebnis auf andere Weise, nämlich durch Angliederung bereits bestehender Werke erreicht wurde. Zu solchen Ausnahmefällen bot sich auch jetzt noch Gelegenheit, wie der Verlauf der Konzentrationsbewegung zeigen wird. Zusammenschlüsse an Stelle von Neubauten waren schon deswegen immer besonders vorteilhaft, weil sie eine außerordentliche Ersparnis gegenüber dem ersten Verfahren bedeuteten. Die Baukosten waren in der Kriegs- und Nachkriegszeit sehr hoch. Die Angliederung durch Erwerb der Kontrolle über den Aktienbesitz eines Unternehmens ist unter englischen und amerikanischen Verhältnissen regelmäßig nicht so kostspielig, als es in Deutschland der Fall sein würde, da man infolge der Einteilung der Aktien in stimmberechtigte und nicht stimmberechtigte nur einen genügenden Anteil von den ersteren zu haben braucht, um in den Besitz der Macht zu kommen.

An die Wirkung, welche der Tätigkeit des Munitionsministeriums auf dem Gebiete der Produktion beschieden war, knüpfen die nächsten Folgen für die Konzentrationsbewegung an.

Man hat in England die Regelung von Angebot und Nachfrage in der Kriegswirtschaft als ein ungeheures Experiment bezeichnet Das ist sicherlich zutreffend, und zwar nicht nur für England allein, sondern für alle Länder. In England gewinnt der Vorfall insofern eine besondere Bedeutung, als die englische Industrie, und die Eisenindustrie in erster Linie, zum ersten Male zu einer einheitlichen Zusammenarbeit gezwungen wurde, einer Zusammenarbeit, wie sie in früheren Zeiten nicht für möglich gehalten wäre. Zum ersten Male, wenn auch nicht ganz freiwillig, sondern unter dem Druck der staatlichen Autorität, gingen die Unternehmungen aus ihrer bisherigen Isolierung heraus. Damit war in die Mauern, welche das starre Festhalten am Dogma der freien Konkurrenz und die übertriebene Bewertung des Individualismus um die einzelnen Glieder gezogen hatte, endlich eine Bresche gelegt worden. Es sind also auch jene nur vorübergehenden Maßnahmen der Zwangswirtschaft nicht ohne erhebliche, freilich nur mittelbare Bedeutung, geblieben. Zwischen den Unternehmungen hatten sich Beziehungen der verschiedensten Art gebildet. Verbraucher und Produzent waren einander durch die gemeinsamen Nöte näher gekommen, als es sonst der Fall zu sein pflegt. Insbesondere trug die Politik des Ministeriums, die Aufträge unter dem Gesichtspunkt der Spezialisierung zu verteilen, viel dazu bei, daß die Werke sich besser kennenlernten und mit einander Hand in Hand arbeiteten. Der einzelne erhielt vom Gesamtauftrag nur eine bestimmte Arbeit zugewiesen, die er im Wege der Massenproduktion herstellte und dann weitergab. So und in ähnlicher Weise wurden die Vorteile des Zusammenarbeitens den Beteiligten zum Bewußtsein gebracht. Nichts ist darum natürlicher, als daß hier und da der Wunsch auftauchte, die vorübergehende Bindung während des Krieges zu einer dauernden umzugestalten, zumal im Frieden neue Momente dies befürworteten.

Vor allem ist jedoch die Zunahme des Kontinuitätsstrebens wichtig, die als eine Folgeerscheinung der Maßnahmen zur Steigerung der Produktion anzusehen ist. Die Ausdehnung des Produktionsapparates, die fast allenthalben geschehen war, und die Fortschritte im Kombinationsbetrieb haben sie zuwege gebracht. Große Kapitalien waren neu investiert worden. Zwar war durch die Hilfe des Staates die finanzielle Belastung auf ein normales Maß zurückgeschraubt, doch war damit nur ein Teil der Schwierigkeiten beseitigt. Die Ausnützung der Anlagen war noch nicht sichergestellt. Das Streben nach Kontinuität, nach Verwertung der im Betrieb angelegten Kapitalien, drängte von selbst dazu, daß auch hierfür nach Möglichkeit Vorsorge getroffen wurde. Es übte eine dreifache Rückwirkung aus: erstens auf die Rationalisierung der Produktion, zweitens auf die Sicherung der Rohstoffversorgung und drittens auf den Absatz der Produkte.

### 2. Die treibenden Kräfte in den Marktverhältnissen.

Zu diesen Ursachen gesellen sich andere, die ihren Ursprung in den Marktverhältnissen haben. In der Rohstoffbeschaffung und im Absatz liegen die Berührungspunkte einer gewerblichen Unternehmung mit dem Markt. In beiden Fällen hatten sich im Vergleich zur Vorkriegszeit umfangreiche Veränderungen vollzogen und auch für die Zukunft, für die Zeit nach dem Kriege, bot sich eine veränderte Aussicht. Man nimmt die Betrachtung am zweckmäßigsten unter dem Gesichtspunkt von Angebot und Nachfrage vor, da bei Schilderung der Rohstofflage, sowohl wie des Absatzes die Veränderungen in der Stahlerzeugung herangezogen werden müssen.

Unter den Rohstoffen ist zuerst das Erz zu erwähnen. Aus zwei Gründen war die Nachfrage nach Erz außerordentlich gestiegen. Die Zunahme der Stahlerzeugung verlangte entsprechend mehr Erze zur Verhüttung, und in derselben Richtung wirkte die qualitative Veränderung in der Stahlerzeugung, der Übergang vom sauren zum basischen Verfahren. Es wurde nicht nur eine andere Erzqualität verlangt, sondern, da die vorhandenen phosphorreichen Erze alle durch niedrigen Eisengehalt ausgezeichnet sind, stieg auch aus diesem Grunde die Nachfrage. Daß hier nicht bloß eine vorübergehende Erscheinung vorlag, war, was den Umfang der Nachfrage anlangt, klar, ganz abgesehen davon, daß der Ersatz des Erzes durch Schrott den Krieg nicht lange überdauern konnte. In qualitativer Beziehung konnten ebenfalls keine Änderungen eintreten, wie man meinte, da auch in Zukunft das Roheisen für Konvertierungszwecke im wesentlichen aus heimischen Erzen gewonnen werden mußte. Das hing mit der Entwicklung des Angebots zusammen.

Wenn im Kriege das Angebot an Erzen hinter der Nachfrage zurückblieb, so war das in gewissem Sinne eine Selbstverständlichkeit. Sie hing in erster Linie mit der Erschwerung des Imports und der nicht ausreichenden Leistungsfähigkeit des heimischen Bergbaues zusammen, die durch mancherlei widrige Umstände wie Mangel an Arbeitern und Ähnliches verstärkt wurde. So bestand schon damals für die Werke ein stichhaltiger Grund, sich die Erzversorgung zu sichern. Von einer eigentlichen Gefährdung des Bezuges konnte damals allerdings nicht die Rede sein, da die Verteilung der Vorräte in der Hand des Ministeriums lag. Dafür richtete sich der Blick notgedrungen in die Zukunft und auf die sonstigen Veränderungen in der Erzversorgung. Hierher rechnete die Verteuerung, die unter dem Druck der Kriegsverhältnisse eingetreten war, von der man annehmen konnte, daß sie den Krieg überdauern würde. Tatsächlich ist diese Vermutung durch den späteren Verlauf der Dinge bestätigt worden. Um einen Begriff von der Entwicklung der Erzpreise zu geben, seien die Durchschnittspreise für Cleveländer Erz ab Grube angeführt:

| Jahr | Preis |
|---|---|
| 1914 | 4 sh. 6 d. per ton. |
| 1915 | 6 ,, 6 ,, |
| 1916 | 7 ,, 0 ,, |
| 1917 | 9 ,, — ,, |
| 1918 | 11 ,, — ,, |
| 1919 | 13 ,, 6 ,, |
| 1920 | 15 ,, — ,, [1] |

[1]) ICTR. 31. 12. 20.

Ähnlich verhält es sich mit anderen Erzsorten. Waren doch beispielsweise die Kosten für Hämatiterze an der Westküste von durchschnittlich 12 bis 13 sh. pro Tonne im Jahre 1914 auf 28 sh. 10 d. im März 1918 gestiegen. Das war nicht allein auf die hohen Transportkosten, Löhne und andere dergleichen Ursachen zurückzuführen, sondern vor allem darauf, daß durch bereits ausgeführte Zusammenschlüsse auf dem Gebiet der Erzversorgung dem freien Markte Mengen entzogen wurden, die von jetzt ab in den angeschlossenen Betrieben zur Verarbeitung kamen. Man hat dabei nur an den Cumberländer Bezirk zu denken, wo durch die „amalgamations" eine gänzlich veränderte Lage geschaffen war. Eine weitere sehr beunruhigende Tatsache, die sich auf dem Inlandsmarkt bemerkbar machte, war die Abnahme der Förderung in den verschiedenen Bezirken. Die Ursachen sind nicht allein in der verringerten Arbeitsleistung der Kriegs- und Nachkriegszeit zu suchen, sondern es kommt neben der langen Ausbeutungszeit der Gruben darin der Umstand zum Ausdruck, daß der Krieg ein Loch in die vorhandenen im Abbau befindlichen Felder gerissen hatte. Naturgemäß wurden die reichsten und am leichtesten abzubauenden Gruben ganz besonders herangezogen. Daher sind es gerade diese, die am meisten nachgelassen haben. Ein Bezirk, der von Jahr zu Jahr weniger produziert, ist Cleveland, das Rückgrat der englischen Erzförderung. Auch in Cumberland und Lancashire ist eine Abnahme festzustellen.

Die Cleveländer Erzförderung.

| Jahr | Förderung |
|---|---|
| 1910 | 6 152 833 |
| 1912 | 5 158 440 |
| 1914 | 5 574 788 |
| 1916 | 4 315 700 |
| 1918 | 4 544 135 |
| 1919 | 3 812 648 |
| 1920 | 3 730 000 (geschätzt) [1] |

So waren auf dem Inlandsmarkt die Aussichten für die Erzversorgung nicht günstig zu beurteilen, weder während des Krieges, noch nachher.

In Friedenszeiten ward fast die Hälfte der Roheisenerzeugung aus importierten hochwertigen Erzen hergestellt. Wir sahen, wie es zwar im Kriege gelang, den Erzimport aus Spanien einigermaßen aufrechtzuerhalten, wie aber doch die Mehrerzeugung von Stahl

[1]) ICTR. 31. 12. 20.

auf der Benutzung von Schrott und heimischen Erzen aufgebaut war. Schon damals ließ die außerordentliche Höhe der Seefrachten und die Steigerung der Produktionskosten im spanischen Bergbau den Schluß zu, daß nach Aufhören der Feindseligkeiten keineswegs mit einem Abbau der Erzpreise zu rechnen sei. Folgende Durchschnittspreise wurden denn auch nach dem Kriege für Erz und Fracht gezahlt[1]):

| Jahr | Erz (50%) | Fracht |
|---|---|---|
| 1918 | 31 sh. | 21.4 1/3 sh. |
| 1919 | 29.1 1/4 sh. | 22.5 ,, |
| 1920 | 28.9 ,, | 24.0 ,, |

Je teurer aber das hochwertige Auslandserz wurde, um so mehr hob sich die Konkurrenzfähigkeit des geringwertigeren heimischen Erzes. Ebenso fiel die Aufgabe, das Angebot zu mehren, der Inlandsförderung zu, was die Schwierigkeiten der Versorgung nicht erleichterte.

Aus anderen Gründen war nicht nur von einer Erschwerung, sondern sogar Gefährdung des Erzbezuges aus dem Auslande zu sprechen. Es handelt sich nicht so sehr um die vielfach verkündete Abnahme der spanischen Lagerstätten, von denen England in erster Linie betroffen werden mußte, — es gibt Stimmen, welche diese Behauptung bestreiten —, sondern um die Veränderungen in den Konkurrenzverhältnissen, die nach Beendigung des Krieges auf dem Weltmarkt angenommen wurden und die sich teilweise verwirklichten.

Vor dem Kriege waren Deutschland und England die größton Erzimporteure. Deutschland stand an erster, England an zweiter Stelle. Und doch war keine so starke Konkurrenz zwischen den beiden Ländern vorhanden, wie man annehmen möchte. Wenigstens hätte sie noch viel schärfer sein können. Die Erklärung liegt darin, daß, wie schon einmal erwähnt wurde (S. 39), die Nachfrage sich nicht einheitlich betätigte, sondern auf ganz verschiedene Qualitäten ging. England importierte fast nur phosphorfreies Erz, während in Deutschland ein Erz mit hohem Phosphorgehalt erwünscht war, um das Roheisen für den Thomasprozeß herzustellen. Diese glückliche Arbeitsteilung wurde durch den Friedensvertrag zerstört, der den deutschen Werken die Verfügung über die lothringischen Erzlager entriß. Eines der Kriegsziele der englischen Eisenindustrie war erreicht. Der deutschen Eisenindustrie war die Unterlage der Massenproduktion, die so verlustreich für England

[1]) Nach Mitteilungen der Erzimporteure Fa. Müller, Haag.

gewesen war, geraubt. Zugleich aber hatte man eine unerwünschte Folge geschaffen. Jetzt wurde die deutsche Eisenindustrie in noch höherem Maße, als es früher der Fall gewesen war, zur Deckung des Ausfalles an lothringischen Erzen, die ja auch in Rheinland und Westfalen zur Verhüttung kamen, auf den Auslandsmarkt verwiesen. Es bestand die Möglichkeit, daß von dieser Seite sowohl die Nachfrage nach phosphorarmen Erzen gesteigert wurde, da Deutschland die Erze, gleichviel welcher Art sie waren, nehmen mußte, wo es sie kriegen konnte, als auch, und das war das Wahrscheinlichere, nach Erzen für das basische Verfahren. In beiden Fällen wurden Englands Interessen berührt, denn auch phosphorhaltige Erze mußten dort bei dem Anwachsen des basischen Verfahrens und der unzureichenden Inlandsförderung in vermehrtem Maße eingeführt werden.

Welche Bedeutung man diesen im Kriege immerhin noch ungewissen Dingen beilegte, geht daraus hervor, daß die mehrfach erwähnte Untersuchungskommission den Vorschlag machte, große Syndikate der Hüttenwerke zu bilden und gemeinsam, gegebenen Falls unter Beihilfe der Regierung, noch freie, abbauwürdige Erzvorkommen in allen Ländern mit Beschlag zu belegen, bevor von deutscher Seite an den Erwerb ausländischer Erzlager gedacht werden könnte. Man wollte sich auf diese Weise zweier Vorteile versichern. Erstens konnte man sich einen Qualitätsvorsprung im Erzbesitz verschaffen und zweitens wurde der deutschen Konkurrenz ein empfindlicher Schlag zugefügt.

Zusammenfassend läßt sich sagen, daß während des Krieges die Aussichten für eine billige und ausreichende Erzversorgung in der Zukunft zwar nicht als schlecht zu bezeichnen waren, daß man aber mit einer Rückkehr der früheren günstigeren Verhältnisse nicht rechnen konnte. Der Verlauf der ersten beiden Jahre nach dem Kriege war sehr geeignet, diese Annahmen zu bestätigen. Zwei Umstände waren es insbesondere, welche die Besorgnis der Werke rechtfertigten: die Knappheit des Angebots und, zum Teil abhängig davon, der hohe Preis der Erze.

Ähnlich stand es mit der Kohle. Wie eingangs geschildert wurde, bildete die Versorgung mit billigen und guten Kohlen und Koks eine der Hauptursachen für die frühzeitige Überlegenheit der englischen Industrien über alle anderen. Erst durch die Rationalisierung der Produktion, durch die Ausbildung der Nebenproduktenanlagen und anderes, gelang es der deutschen Eisenindustrie, den Vorsprung wieder einzuholen.

Das Angebot an Kohlen pflegte in England stets über die Inlandsnachfrage hinauszugehen, und der Überschuß wurde auf dem Wege des Exports verbraucht. Auch damals, vor dem Kriege, waren viele englische Hüttenwerke schon im Besitz von Kohlenzechen. Die Kriegs- und Nachkriegszeit löste von neuem dies

Bestreben aus, sich einen genügenden Vorrat an Kohlen zu sichern, denn die Sachlage war jetzt umgekehrt. Kennzeichnend war nicht mehr die Billigkeit der Kohle, sondern man mußte für absehbare Zeit mit einer starken Verteuerung rechnen.

Hierzu kam, daß aus verschiedenen Gründen die Nachfrage nach Kohlen gestiegen war. Die Anstrengungen in der Stahlindustrie mußten ihre Ergänzung in der Roheisenindustrie finden. Mehr Erz und demzufolge mehr Koks mußten verhüttet werden. Neue Hochöfen waren in Gang gebracht oder im Bau begriffen, die bei größerem Fassungsvermögen auch mehr Rohmaterial beanspruchten. Vor allem bedingte die Eigenart der Erze einen höheren Koksverbrauch. Was der Übergang zu ärmeren Sorten bedeutete, sieht man aus den Angaben der Beteiligten. In gewissen Bezirken rechnete man in den Jahren um 1910 einen Koksaufwand von 22,5 Hundredweights auf die Tonne Roheisen [1]). Nach dem Kriege stellte er sich auf 33 bis 35 Hundredweights für die Tonne oder auf 1676 kg bis 1778 kg statt 1318. Wenn man nun in Betracht zieht, daß zur selben Zeit der Kohlenpreis sehr gestiegen war, — im vorliegenden Falle wird die Steigerung auf das fünf- bis sechsfache angegeben — so ist der Unterschied gegen früher augenscheinlich. Sollte die vorausgesagte Hochkonjunktur der Nachkriegszeit zur Wirklichkeit werden, so mußten die Preise noch mehr anziehen und den Besitzern eigener Kohlen einen erheblichen Vorsprung vor ihren nicht so glücklich gestellten Konkurrenten verschaffen. Jeder Aufschlag auf die Tonne Kohle mußte mehrfach im Stahlpreis zur Geltung kommen, da nach den Angaben von Mr. Talbot, dem Erfinder des nach ihm benannten Herdes, vier Tonnen Kohle auf eine Tonne Stahl zu rechnen sind [2]).

Endlich war durch die vermehrte Einführung der Nebenproduktenanlagen, zumal wo sie in ausgedehntem Maße zur Kraftquelle des Betriebes benutzt wurden, und durch die neue Verbreitung des Martinverfahrens, das eine gute Gaskohle verlangt, ein weiterer Anlaß geschaffen, sich um die Kohlenversorgung zu kümmern.

Von seiten des Angebots war keine Erleichterung zu erwarten. Zu einem Sinken der hohen Kriegspreise fehlten für die erste Zeit alle Voraussetzungen. Nach Aufhebung der Zwangswirtschaft konnte man zunächst noch mit ihrer Erhöhung rechnen. Nur allmählich, im Zusammenhang mit der Wiedergewinnung des alten Wirtschaftsstandards konnte eine Abkehr von dieser Entwicklung eintreten. Dafür waren andere Anzeichen vorhanden, die auf eine mögliche Erschwerung der Kohlenversorgung hindeuteten. Es schien nämlich so, als ob die Zersplitterung im Kohlenbergbau,

---

[1]) ICTR. 17. 12. 20.

[2]) Ironmonger 15. 3. 19.

welche bisher vom Standpunkt der Nachfrage durch die Unmöglichkeit von Vereinbarungen der Gruben untereinander so günstig für die Industrie gewesen war, einer größeren Konsolidierung Platz machen mußte. Denn auch hier, wie noch in manchen anderen Gebieten des englischen Wirtschaftslebens, setzte in und nach dem Kriege eine Zusammenschlußbewegung ein. Besonders in Wales griff sie um sich. Hier war der Rhondakonzern der Träger der Bewegung. Ebenso hat anscheinend der Kartellierungsgedanke mehr Boden gewonnen. So kann man von der Gründung eines Verbandes der Monmouthshire and South Wales Coal Owners lesen, die vornehmlich für Exportzwecke gebildet war und über eine jährliche Förderung von 40 Millionen Tonnen verfügte. Allerdings hat ja South Wales eine Ausnahmestellung inne, da hier die berühmten Walliser Admiralitätsdampfkohlen gefördert werden, die sich eines unübertrefflichen Rufes erfreuen. Immerhin sind auch sonst Nachrichten über dergleichen Vorkommnisse im Kohlenbergbau nicht selten.

Ob die „Nationalisierungsverhandlungen" nach dem Kriege verzögernd auf die Angliederung von Kohlengruben durch die Industrie eingewirkt haben, läßt sich natürlich nicht feststellen, ist aber wohl nicht der Fall gewesen. Jedenfalls bestanden genug stichhaltige Gründe, welche das Streben nach Sicherung der Kohlenversorgung rechtfertigen.

Was die übrigen Rohstoffe, oder besser gesagt, Hilfsstoffe anbelangt, so spielen sie ihrer allgemeinen Bedeutung entsprechend keine so große Rolle für die Konzentrationsbewegung. Der Bedarf an Kalk im besonderen, dem der Gebrauchsmenge nach noch die meiste Bedeutung zukommt, pflegt je nach der Eigenart der Erze verschieden zu sein. Die Versorgung hiermit bietet in England keine Schwierigkeiten. Der Mangel in der Kriegszeit war nur als vorübergehend anzusehen und für die Zukunft unbegründet. Wo auch immer in noch so hohem Maße Kalkzuschläge gebraucht werden, die Vorräte in England sind groß genug, um keine Gefahr aufkommen zu lassen. Unangenehmer war während des Krieges entschieden die Abhängigkeit in bezug auf feuerfeste Materialien empfunden worden, vor allem der Mangel an Herstellern der gebrauchsfertigen Ware. Hin und wieder stößt man daher in der Konzentrationsbewegung auf die Angliederung solcher Firmen und ebenso auf die Angliederung von Kalkstein- oder Tongruben. Da handelt es sich dann meist um besonders günstig zum eigenen Werk liegende Unternehmen, die man sich sichern will, oder um ein besonders gutes Material. Also, es sind Ausnahmefälle, und man kann von einer näheren Betrachtung Abstand nehmen.

Ein zusammenfassender Überblick über die Lage der Rohstoffversorgung und über die mutmaßlichen Aussichten für die Zukunft läßt erkennen, daß gegen früher erhebliche Änderungen eingetreten waren. Mannigfach sind im einzelnen die Gründe bei der Kohle und beim Erz, aber in ihrer Wirkung besteht unter ihnen große Einheitlichkeit. Sie bedeuten eine Verteuerung und Gefährdung des Bezuges. Daraus ergab sich nicht nur die Folgerung, mit den Rohstoffen so wirtschaftlich wie möglich umzugehen und durch eine weitgehende Rationalisierung auch auf den späteren Stufen die erhöhten Rohstoffkosten auszugleichen, sondern das Bestreben ging zugleich dahin, sich möglichst von den zukünftigen wirklichen oder vermeintlichen Gefahren zu befreien.

Durch Angliederung der Versorgung wurden die Gefahren des freien Marktes ausgeschaltet und durch die Ersparnis an Zwischenkosten die Produktion verbilligt, was mit Rücksicht auf die Konkurrenz sehr zu begrüßen war. Je vollständiger „die Emanzipation vom Markt" vorgenommen werden konnte, um so unangreifbarer war die Stellung des Unternehmens. Daher bildete es das Ziel, von dem man so oft in jener Zeit lesen kann: „To be self-contained, im Rohstoffbezug unabhängig zu sein."

Man kann in der Rohstoffbeschaffung noch weiter gehen und auch die Versorgung mit Roheisen dazuzählen. Nirgend treten die Veränderungen zwischen einst und jetzt so deutlich in Erscheinung wie gerade hier, in den wechselseitigen Beziehungen zwischen der Roheisen- und Stahlindustrie. Es läßt sich denken, daß die Werke von dieser Neugestaltung der Dinge sehr berührt wurden. Die Ursachen sind die gleichen, von denen schon vorher die Rede war.

Auf seiten der Nachfrage ist es der vermehrte Bedarf der Stahlwerke, dem ein mangelndes Angebot gegenüber stand. In der Kriegszeit konnte er durch die Rationalisierungs- und Verteilungsmaßnahmen und vor allem durch die Verhüttung von Schrott in den Martinöfen, wenn auch nicht vollkommen befriedigt, so doch einigermaßen ausgeglichen werden. Um so schärfer machte sich der Roheisenmangel später bemerkbar, als alle beschränkenden Maßnahmen fielen und infolgedessen eine vermehrte Nachfrage der bisher zurückgehaltenen Verbraucherkreise einsetzte. Obendrein ging auch der Schrottverbrauch mit Aufhören der Kriegsfabrikation seinem Ende entgegen. Die Folge war ein starkes Anziehen der Preise, das man zwar vorausgesehen hatte, aber vergeblich durch die sogenannten Übergangsmaßregeln zu mildern versuchte. In den Produktionsziffern ausgedrückt stellt sich die Diskrepanz zwischen der Roheisen- und Stahlerzeugung folgendermaßen dar (s. Tabelle S. 99):

Zweierlei ist daraus zu ersehen: Erstens war im Gegensatz zur Stahlerzeugung die Roheisenerzeugung im Abnehmen begriffen. Zweitens war jetzt das Umgekehrte von früher der Fall. Die Stahlerzeugung übertraf die Roheisenerzeugung. Die Gefahr lag nicht nur in der preisverteuernden Wirkung der Diskrepanz, sondern in dem Umstand, daß der große neugeschaffene Produktions-

| Jahr | Roheisenerzeugung | Stahlerzeugung |
|---|---|---|
| 1913 | 10 260 000 | 7 664 000 |
| 1914 | 8 924 000 | 7 835 000 |
| 1915 | 8 794 000 | 8 550 000 |
| 1916 | 9 048 000 | 8 992 000 |
| 1917 | 9 322 000 | 9 717 000 |
| 1918 | 9 086 000 | 9 539 000 |
| 1919 | 7 393 000 | 7 894 000 |
| 1920 | 8 008 000 | 9 057 000 |

apparat der Stahlindustrie nicht ausgenutzt werden konnte. Unter solchen Verhältnissen war eine Stahlproduktion von mehr als 10 Millionen Tonnen einfach ausgeschlossen. Nebenbei mußte die Roheisenausfuhr, auf welche man früher so viel Gewicht gelegt zugrunde gehen. Die Ursachen für die Abnahme der Roheisenerzeugung sind, soweit sie den Krieg betreffen, bereits erörtert: Mangel an Rohstoffen und Arbeitskräften. Im Frieden hätte die Rohstoffversorgung an und für sich kein Hindernis mehr zu bieten brauchen, doch verhinderten die hohen Kohlenpreise mit einem weiteren technischen Moment vereint ein Ansteigen der Roheisenerzeugung.

Ein großer Teil der veralteten Hochöfen war nämlich bei der Höhe des Kohlenpreises nicht mehr in der Lage, noch wirtschaftlich zu arbeiten und einer leistungsfähigeren Konkurrenz standzuhalten. Daher die erstaunliche Tatsache, daß zu einer Zeit größter Roheisenknappheit von den damals vorhandenen 500 Hochöfen nur 296 im Feuer standen. Weitere 100 befanden sich in Reparatur oder im Umbau und 100 waren stillgelegt.

Eine andere vom Standpunkt der Nachfrage ungünstige Veränderung des Angebots hatte das Eingehen des Warrantmarktes zur Folge gehabt. Das Todeslos, welches ihm infolge der Abnahme der Lagervorräte schon einige Jahre vor dem Kriege angekündigt war, kam über ihn in Gestalt der Höchstpreisfestsetzung und des Spekulationsverbotes im Jahre 1916. Die Vorräte im Warrantstore, welche 1913 noch auf 140 000 Tonnen [1]) angegeben waren, gingen damals ihrer völligen Erschöpfung entgegen. Noch lange nachher widmete man dem Warrantmarkt Nachrufe, die allerdings von Traurigkeit nichts an sich hatten. „The Old Warrant Ring is dead, never to be revived!" Und tatsächlich war ja auch von den Fabrikanten ein scharfer Druck genommen. Das wichtigste Hindernis, das bisher einer Preisfestsetzung der wichtigsten Roheisensorten entgegengestanden hatte, war gefallen. Da auch der Knappheit wegen die Ausfuhr des Roheisens aufhörte, so blieb von den drei

[1]) Times Annual Financial Review 16. 1. 14.

Besonderheiten der Roheisenindustrie, insbesondere der Cleveländer, nichts mehr übrig. Denn auch der Handel war durch die Kriegsentwicklung geschwächt worden. Ihm sowie allen anderen Beziehern engte die Knappheit den Markt ein.

Zur Überwindung der Schwierigkeiten standen mehrere Wege offen. Naheliegend war es, die Roheisenproduktion durch Verbilligung der Rohstoffe, der Kohle vor allen Dingen, zu erleichtern. Daher sind von seiten der Eisenindustrie immer wieder Senkungen des Kohlenpreises angestrebt worden. Man hat auch an den Import von Roheisen gedacht. Es ist der Gedanke angeregt worden, daß Frankreich im Tausch gegen englische Kohle basisches Roheisen liefern sollte. Dieser Vorschlag ist jedoch nicht zur Ausführung gekommen. Ebenso war an eine Einfuhr aus Kanada oder den Vereinigten Staaten, die beide im Kriege Roheisen geliefert hatten, wegen der hohen Seefrachten nicht zu denken.

Der Bau neuer Hochöfen verbot sich in den meisten Fällen wegen der damit verbundenen allzu hohen Kosten. Ein von der Ebbw Vale Co. Ende 1920 gebauter Ofen wurde auf 1 Million Pfund geschätzt. Immerhin spricht ein Bericht [1]) um dieselbe Zeit von 15 im Bau befindlichen modern eingerichteten Hochöfen. Es dürfte sich dabei um die Ausführung von schon im Kriege geplanten Anlagen handeln, die aus der einen oder anderen Veranlassung noch nicht fertig geworden waren. Hier und da mögen auch wohl Kriegsgewinne eine solche Ausgabe gestattet haben. Daneben wurde mit aller Macht, gewissermaßen als Ersatz für Neubauten, die Reparatur und Modernisierung von älteren Öfen betrieben. Der letzte Weg, welcher beschritten wurde, ist die Angliederung von Hochofenwerken. „The anxiety of the great steel producers in this subject is reflected by the seizure of every opportunity by the latter to acquire control over the blast furnaces." Nachdem einer oder zwei den Anfang gemacht hatten, folgten sehr bald andere. Dieses Verfahren war nicht nur billiger, sondern man hatte auch den Vorteil sofort über das begehrte Material verfügen zu können, ohne längere Zeit warten zu müssen. Noch manches andere sprach dafür, bei einigen besonders großen Zusammenschlüssen die örtliche Lage, die den Kombinationsbetrieb gestattete.

Auch die Fertigindustrien waren in Bedrängnis geraten. Was die Kriegszeit angeht, so ist darin nichts besonderes zu sehen. Der Ausfall des Imports, die gestiegene Nachfrage der Munitionsindustrie, führten von selbst dazu, daß alle Arten von Halbzeug und Fertigeisen knapp wurden. Merkwürdig klingt es allerdings, daß auch in Friedenszeiten die Bedrängnis trotz der außerordentlichen Vermehrung der Stahlproduktion fortdauerte. Dem liegt in erster Linie die Tatsache zugrunde, daß der Ausbau der Walz-

[1]) Aus Nachrichten des Ausw. Amts.

werke mit der gesteigerten Stahlproduktion nicht Schritt gehalten hatte [1]). Das zeigte sich jetzt, als anstelle des einheitlichen Kriegsbedarfes, der nicht soviel verschiedene Walzenstraßen brauchte, wieder der differenzierte Friedensbedarf mit seinen mannigfachen Sorten und Profilen trat. Vom Kontinent aber, dem früheren Lieferanten, war nach Kriegsschluß keine Hilfe zu erwarten. Ferner wurden durch die beginnende Konzentrationsbewegung selbst immer mehr Mengen aus dem Markt herausgezogen. Ein Beispiel dafür liefert die Knappheit an Blechen im Jahre 1920, welche auf die Verschmelzung von Stahlwerken mit großen Werften zurückgeführt wurde [2]).

Nach den wenigen Nachrichten, die hierüber vorliegen, zu urteilen, scheinen auch die Halbzeugverbände in der ersten Zeit nach dem Kriege eine sehr starke Stellung innegehabt zu haben, denn eine Notiz des Ironmonger [3]) spricht von ihrer festen Stellung im Markt, worunter die Abnehmer, in diesem Falle schottische Werke, sehr zu leiden hatten. So gab es auch auf diesen Stufen mancherlei, was die Weiterverarbeiter auf den Anschluß an die Stahlwerke hinwies, den jene wiederum aus anderen Gründen sehnlichst suchten. Nicht zu vergessen ist, daß in den Kriegsjahren die Agitation für den Schutzzoll wiederaufgelebt war, mit deren Erfolg immerhin gerechnet werden mußte.

### b. Die treibenden Kräfte in den Absatzverhältnissen.

Nicht nur aus der Gestaltung der Rohstoffversorgung sind die treibenden Kräfte auf dem Gebiet des Marktes hervorgewachsen, sondern mit ihnen zugleich wirkten andere, die ebenfalls den Marktverhältnissen entstammten und in umgekehrter Richtung, vom Absatz aus, die Konzentrationsbewegung verstärkten. Die Steigerung der Stahlproduktion wurde den Werken zum Antrieb, Vorsorge für den Absatz zu treffen.

Während des Krieges war jede Sorge in dieser Beziehung überflüssig, denn der Staat, der als der Hauptabnehmer in Betracht kam, hatte einen Bedarf, welchem überhaupt nicht genügt werden konnte. Das Angebot mußte also immer hinter der Nachfrage zurückbleiben. Deshalb kam auch dem Verlust des Auslandsmarktes für den Augenblick keine Bedeutung zu. Die Inlandsnachfrage genügte für die vollste Beschäftigung der Werke. Ein gegenwärtiger Anlaß zur Besorgnis war nicht gegeben.

Ebenso wenig erwies er sich in der mutmaßlichen Ausgestaltung des Absatzes in der Zukunft begründet. Was die Zukunftsaussichten anlangt, so richtete sich die ganze Aufmerksamkeit auf den Auslandsmarkt und zwar aus einem doppelten Grunde. Erstens war

---

[1]) Ironmonger 26. 4. 19.
[2]) ICTR. 31. 12. 20.
[3]) Ironmonger 24. 3. 19.

von vornherein klar, daß die Aufnahmefähigkeit des Inlandsmarktes nicht genügen würde, da die Produktion weit über das Maß der früheren Einfuhr gesteigert werden sollte. Zweitens bestand aus allgemeinen Gründen für die englische Industrie ein Zwang zum Export und für die Eisenindustrie ganz besonders. Er wurde umso mehr empfunden, als es galt, verlorene Absatzgebiete wiederzugewinnen und neue hinzuzuerwerben. Demnach war zweierlei in Erwägung zu ziehen: die mutmaßliche Größe des Bedarfes und die zukünftigen Konkurrenzverhältnisse.

Den Bedarf konnte man nach Kriegsende ohne weiteres als sehr groß annehmen. Die Hauptversorger, England, Deutschland und Amerika, waren im Kriege mehr oder weniger vollkommen ausgeschaltet. Amerika hatte zwar seine Ausfuhr sehr ausgedehnt, aber die Lücke auszufüllen, die durch den Ausfall der beiden anderen Lieferanten entstanden war, hatte es nicht vermocht, zumal durch seinen Eintritt in den Krieg die Belieferung zum Stillstand kam. So hatte sich ein mächtiger Bedarf angestaut, dem ein anderer, wohl ebenso großer, die Heilung der Kriegsschäden und Ersatz des Kriegsverschleißes, in vielen Ländern zur Seite trat. Man rief sich auch die Jahre nach dem deutsch-französischen Kriege in die Erinnerung und glaubte mit einer ähnlichen Hochkonjunktur beglückt zu werden.

Die Konkurrenzverhältnisse hatten sich entschieden im englischen Sinne gebessert. Die deutsche Konkurrenz, soviel galt den beteiligten Kreisen als sicher, würde durch den Verlust von Elsaß-Lothringen erheblich geschwächt sein. Ferner hatte man den größten Bedacht genommen, die Organisation des deutschen Ausfuhrhandels nach allen Richtungen zu durchbrechen und sie zu beseitigen. Mit Frankreich hatte es bestenfalls noch gute Weile, ehe die neue Industrie eine starke Stellung einnehmen konnte und auch Belgien würde genug mit dem Aufbau seiner zerstörten Werke zu tun haben. Es blieb nur die amerikanische Industrie.

Ihre gewaltige Produktionsfähigkeit war dasjenige, was man am meisten fürchtete. Von hieraus war mit einer starken Konkurrenz zu rechnen, die aber erheblich an Gewicht verlieren mußte, wenn der Inlandsbedarf der Vereinigten Staaten sich in gewohnter Weise weiter entwickelt hatte. Und das war anzunehmen. Die Aussichten auf dem Weltmarkt waren also in jeder Beziehung günstig. Und selbst falls von irgendeiner Seite ein erheblicher Wettbewerb zum Vorschein kam, war der Bedarf immer noch groß genug, um den Beteiligten die besten Möglichkeiten zu bieten. Daher sind Zusammenschlüsse in Richtung des Absatzes während der Kriegszeit verhältnismäßig selten. Sie stehen an Umfang hinter denen zurück, die eine Sicherung der Rohstoffbeschaffung bezweckten. Das zahlenmäßig zu beweisen ist schwer, aber auch zwecklos, da es sich hier nur um die Feststellung einer Tendenz handelt. Nur soviel soll gesagt sein, daß nach dem vorliegenden, wohl ziemlich vollständigen Material das Verhältnis zwischen den Zusammenschlüssen in Richtung der Rohstoffversorgung und zur Sicherung des Absatzes bis zum Ende des Jahres 1918 sich wie 3 : 1 stellt.

Eine Änderung, welche die Werke dazu drängte, auch diese Richtung in vermehrtem Maße einzuschlagen, machte sich in der Nachkriegszeit geltend. Die Kriegsorders der Regierung hörten nun auf und man war vor die Aufgabe gestellt, die Werke in Gang zu halten, mochten die Zeiten gut oder schlecht sein. Die Sorge für die Kontinuität des Betriebes, die in gleicher Weise wie die Ausdehnung der Betriebe zugenommen hatte, erforderte die Sicherung des Absatzes. Andererseits war schon so viel zu erkennen, daß die Hoffnungen, welche man auf das Wiedererwachen des Wirtschaftslebens gesetzt hatte, durchaus nicht in Erfüllung gehen wollten. Zwar waren Ende 1919 und Anfang 1920 die Gefahren, welche durch den Krieg und den Friedensvertrag von Versailles heraufbeschworen waren, für die englische Wirtschaft noch nicht so fühlbar geworden wie kurze Zeit hernach, immerhin gab es doch schon Veranlassung genug, zum Zwecke der Absatzsicherung an andere Glieder der Industrie Anschluß zu suchen. Schlimmer war es, daß auch der Auslandsmarkt versagte, auf den so große Hoffnungen gesetzt waren. Die Kunden in Mittel-, Süd- und Osteuropa waren nicht fähig, als Abnehmer auf dem englischen Markt aufzutreten. Der deutsche Markt besonders, der vor dem Kriege einen so erheblichen Anteil an der englischen Ausfuhr gehabt hatte, war durch die Valutaverhältnisse gesperrt. Indirekt litt durch den Druck, der auf Mittel- und Osteuropa lastete, der Export nach manchen überseeischen Ländern, deren mangelnde Kaufkraft für industrielle Erzeugnisse sich aus der Unmöglichkeit ergab, ihre heimischen Agrarprodukte an die früheren Bezieher in Europa abzusetzen.

Eine andere Gefahr drohte von seiten der Dominions. Diese früher treuesten Abnehmer waren durch den Krieg in die Lage versetzt, selbst Industrien in mehr oder minder ausgedehnter Weise ins Leben zu rufen, um die fehlende Einfuhr aus dem Mutterlande zu ersetzen und ihm Hilfe zu gewähren. Es ist nicht überraschend, daß sie im Frieden an dem Errungenen festzuhalten trachteten und bemüht waren, die Anfänge weiter zu entwickeln, um sich vom Mutterlande unabhängig zu machen. Mit dem Plane, eine Großeisenindustrie zu schaffen, trug man sich in Kanada, das die bedeutendsten Fortschritte gemacht hatte, in Australien, sowie in Südafrika und Indien.

Die Unsicherheit der Marktlage war offenbar und trieb die Werke an, Ausgleich und Abwälzung des Risikos in die Wege zu leiten.

So treffen von drei verschiedenen Seiten, sich gegenseitig verstärkend, die Kräfte zusammen — von seiten der Produktion, des Absatzes und der Rohstoffversorgung —, als deren Ergebnis die Konzentrationsbewegung anzusehen ist.

## III. Die Schilderung der Konzentrationsbewegung.

Betrachtet man die Vorgänge der Konzentrationsbewegung des Näheren, so muß man darauf Bedacht nehmen, sich nicht in privatwirtschaftliche Einzelheiten zu zersplittern, denen vom volkswirtschaftlichen Gesichtspunkt wenig oder gar keine Bedeutung zukommt. Nur das Typische ist hervorzuheben. Vergleiche sind zu ziehen und vor allen Dingen muß das Ziel der Reorganisation im Auge behalten werden, die Wiederherstellung der Konkurrenzfähigkeit der englischen Eisenindustrie. Darin ist der Maßstab für die Prüfung der Gesamtleistung enthalten.

Bei der Schilderung der Zusammenschlüsse ist es angezeigt, eine andere Einteilung zugrunde zulegen als bei Besprechung der treibenden Kräfte, die unter dem Gesichtspunkt von Rohstoffversorgung, Produktion und Absatz geschah. Eine Darstellung nach der Richtung der Konzentrationsbewegung — vertikal oder horizontal — empfiehlt sich deshalb, weil sich mit ihrer Hilfe ein besserer Überblick verschaffen läßt und die Deutlichkeit der Vorstellung gewinnt.

### 1. Das vertikale Angliederungsstreben.

Das vertikale Angliederungsstreben betätigt sich in der Richtung der Rohstoffversorgung und des Absatzes. Unter den Rohstoffen sind Erz, Roheisen und Kohle die begehrten Gegenstände. Erz und Roheisen lassen sich im Folgenden nicht auseinander halten, sondern müssen als zusammengehörig betrachtet werden. Die Berechtigung dazu liefert die Konzentrationsbewegung selbst, die beides mit einander vereint.

Es gab zwei Wege, um zum Besitz von Erz zu gelangen. Entweder konnte man sich unmittelbar Erzgruben angliedern. Dieser Weg war aber in den meisten Fällen nicht gangbar, da die vorhandenen Gruben schon in festen Händen, im Besitz von gemischten Werken oder reinen Hochofenbetrieben, waren. Die Gelegenheit zum Erwerb von Feldern oder Gruben bot sich nur dort, wo neue Aufschlüsse erfolgten. Das war im Kriege vor allem in den Midlands geschehen, wo die Zahl der bereits vorhandenen Fördermöglichkeiten vermehrt worden war. Daher sind in Northamptonshire mehrfach Erwerbungen von neuen Feldern geschehen.

Oder man mußte den zweiten Weg beschreiten und die Angliederung auf einem Umweg vor sich nehmen, der unter den englischen Verhältnissen der gegebene war. Das heißt, die jetzigen Besitzer mußten mitübernommen werden. Der erste Weg hatte zwar den Vorzug der größeren Billigkeit, aber dafür war mit dem anderen ein doppelter Vorteil verknüpft. Man erhielt nicht nur die erwünschte Rohstoffgrundlage in Gestalt von Erz, sondern bekam gleich das Roheisen hinzu, in günstigen Fällen sogar direkt vom neuen Werk, sodaß auch der Vorteil des kontinuierlichen Betriebes erreicht wurde. Der Anschluß an Hochofenwerke entsprach fernerhin dem Vorteil derjenigen unter den Werken, die bisher reine Stahlwerke, sich zu einem gemischten Betriebe umbilden wollten. Ihnen blieb gar keine andere Wahl als diese.

Hierbei ist schon vorausgesetzt, daß die Frage, ob Auslands- oder Inlandserzen der Vorzug zu geben sei, zugunsten der Inlandserze ausgefallen war. Und in der Tat geht das Bestreben in erster Linie dahin Inlandserze zu erhalten, hatte doch der Krieg die Nachteiligkeit ausländischen Besitzes in Zeiten der Not offenbart. Zumal die Frachtenfrage hatte sich unangenehm bemerkbar gemacht. Bezeichnender Weise sagt der Chairman der United Steel Cies [1]): Der zukünftige Erfolg eines Werkes ist zum größten Teil von der Beschaffungsmöglichkeit heimischer Erze abhängig. Das ist eine der sichersten Grundlagen und Vorbedingungen. Der Bezug fremder Erze hat sich im Kriege als nachteilig erwiesen. Die ausländischen Erzbesitzer verlangen nach Möglichkeit die höchsten Preise und ebenso ist man den Forderungen der Schiffseigentümer ausgesetzt, die auch vielfach Fremde sind.“ Daher sind die Maßnahmen zur Sicherung von Auslandserz seltener. Erst nach dem Kriege treten sie mehr hervor, teils wegen der Verhältnisse auf dem Inlandsmarkt, wo nicht mehr viel zu holen war, teils in Verbindung mit dem schon erwähnten Gedanken der internationalen Konkurrenzverhältnisse, der Aussperrung Deutschlands insbesondere.

Auf dem Inlandsmarkt übte der Cumberländer Bezirk die stärkste Anziehungskraft aus. Die Gründe liegen auf der Hand. Zunächst handelt es sich hier um das hochwertigste englische Erz, den berühmten Hämatiteisenstein, aus dem, was besonders zu beachten ist, alle Qualitätsroheisensorten gemacht werden, wie sie vornehmlich die schweren Werke der Sheffielder Qualitätsindustrie benötigen. Zwar wird auch in anderen Bezirken und an der Westküste selbst Hämatitroheisen aus importierten Erzen erblasen, aber das Cumberländer Roheisen erfreut sich der größeren Beliebtheit. Diejenigen Werke, die hier festen Fuß fassen konnten, mußten also eine Vorzugsstellung vor allen anderen haben. Dabei war es augenscheinlich, daß in diesem Bezirke die Gefahr monopolistischer Bestrebungen drohte. Die ersten Schritte dazu lagen schon längere Zeit zurück. Fünf Jahre vor dem Kriege hatte sich die Workington Iron Co. Ltd. mit der Moss Bay Hematite Iron Co. und dem Cumberländer Zweigunternehmen von Cammels zur Workington Iron and

---

[1]) Times 28. 1. 19. Gv. Ber. der Un. Steel Cies.

Steel Co. zusammengetan, denen später noch zwei andere Cumberländer Unternehmen, Kirk Bros. und die Lowther Iron Works, hinzugefügt wurden. Ihnen standen an der Westküste noch folgende Hochofenwerke gegenüber: Whitehaven Iron and Steel Co., Distington Hematite Iron Co., Millom and Askam Hem. Iron Co., Barrow Hem. Steel Co., Carnforth Hem. Iron Co. und die North Lancashire Iron and Steel Co., die in einer Gesamtzahl von 50 Hochöfen an der Westküste zusammen ungefähr 30 besaßen. Der Rest gehörte der Workington Iron and Steel Co. [1]). Einige andere Werke sind den sogenannten Westküste-Werken nicht mehr zu zuzählen. Es sind die Partington Steel and Iron Co., dicht bei Manchester, die Wigan Coal and Iron Co., die Charcoal Co. und die Darwin and Mostyn Gesellschaft, letztere bekannt als Erblaser von Spezialroheisensorten.

Die Konzentrationsbewegung trat in ein neues Stadium, als im Jahre 1916 Millom and Askam einen Anteil an der Barrow Hem. Iron Co. übernahmen [2]), der bisher im Eigentum des Herzogs von Devonshire gestanden hatte. Gemeinsam machten sich nun beide daran, ihren Erzbesitz zu vergrößern. Sie erwarben zusammen die Ullcoats Mining Co. — in Cumberland und Lancs. gab es noch einige selbständige Erzbergbaugesellschaften — die einer der größten Eisenerzproduzenten in Cumberland ist, und beteiligten sich an der Aufschließung neuer Felder, zu welchem Zweck wahrscheinlich die Errichtung der Florence Mines geschah, von der verschiedentlich die Rede ist. Ob die von Barrow kontrollierte Wyndham Mining Co. erst während des Krieges oder schon vorher erworben wurde, ist ungewiß. In Richtung der Rohstoffversorgung zielen zwei andere Unternehmungen, von denen gleich hier die Rede sein mag. Millom and Askams kauften einen großen Kalksteinbruch, der ihren Werken benachbart lag, und pachteten noch einen anderen hinzu. Beide zusammen gliederten sich die Camerton Coal and Firebrick Co. an, bei Workington, die den besten Thon in England besitzen soll. Durch Barrow wurden Millom and Askams auch Besitzer ausländischen Erzes, da diese bei den algerischen Beni Felkai Iron Ore Mines beteiligt sind.

Fast um dieselbe Zeit, ebenfalls im Jahre 1917, beginnt auch die Workington Iron and Steel Co. ihren Erzbesitz zu erweitern. Sie erwarb nämlich kurz hintereinander die Beckermet Mining Co. und die Bigrigg Mining Co., von welch' letzterer in der GV. behauptet wurde, daß sie eine erhebliche Verstärkung des Erzbesitzes der Workington Gesellschaft darstelle [3]).

[1]) Sämtliche Angaben nach Ryland's Directory. Jahrg. 1921.

[2]) Die Angaben über die Millom and Askam Gesellschaft sowie über Barrows und deren beiden Erwerbungen nach folgenden Quellen: Times 17. 7. 16 und 1. 5. 18 und 14. 7. 19. Ryland's Directory 1921. London, Stock Exchange Off. Yearbook 1920.

[3]) Times 2. 8. 16. GVBer. v. Workington 28. 1. 19. ICTR. 7. 9. 17.

Neben diesen beiden Gruppen stand eine dritte, die North Lonsdale Co. und die Whitehaven Hem. Co., beide geführt von ihrem gemeinsamen Präsidenten, Mr. Miles Kennedy. Diese drei beherrschten den weitaus größten Teil der Erzförderung und Roheisenerzeugung. Als Außenseiter kam nur noch die Carnforth Gesellschaft in Betracht.

Die Besorgnis der Sheffielder Firmen um ihr Rohmaterial entbehrte also nicht der Begründung. Zuerst war es die neue Interessengemeinschaft Steel, Peach and Tozer und Samuel Fox and Co., die an die Cumberländer Werke Anschluß zu gewinnen suchten. Sie tat sich im Dezember 1917 mit der Workington Co. zu einer neuen Gesellschaft zusammen, zu der auch noch andere Unternehmen gehörten, den United Steel Cies. [1]), welche sofort ihren Einfluß in Cumberland weiter auszudehnen begannen. Die Beckermet Co. scheint dem neuen Konzern ganz zu gehören und ebenso wird es mit der Distington Gesellschaft sein, die ihr Erz von der Beckermet Gesellschaft erhalten hatte und daher, wie der GV.-Bericht der United Steel Cies. sagt, billig zu haben war. Hier findet sich übrigens eines der wenigen Beispiele, wie das Konzentrationsstreben in England auf den Verkehr übergreift. Die United Steel Cies. erwarben nämlich die Kontrolle der Cleator and Workington Junction Railway, was damit begründet wurde, daß diese Bahn von außerordentlicher Wichtigkeit für die Versorgung der Moss Bay Werke von Workington sei.

Die zweite Sheffielder Firma, die sich zu sichern suchte, war John Brown and Co. Ltd., das altberühmte Qualitätswerk. Sie hatten ihr Augenmerk auf die Carnforth Hem. Iron Co. [2]) gerichtet. Ob sie diese nun unmittelbar selbst erworben haben oder auf Umwegen aus zweiter Hand, ist nicht recht ersichtlich. Jedenfalls ging schon 1915 das Gerücht, daß die Imperial and Foreign Corporation mit der Carnforth Co. im Namen Sheffielder Werke verhandle [3]). Browns vollzogen den Erwerb im Jahre 1918. In der später stattfindenden Generalversammlung wurde auf die Knappheit an Hämatitroheisen hingewiesen und Carnforth als „a feeder of their works" bezeichnet.

Auch in der dritten Gruppe ist das Band noch enger geknüpft worden, da North Lonsdale und die Whitehaven Co. sich Ende 1921 fusioniert haben [4]).

Es bestehen also heutzutage folgende Gruppen: 1. Die United Steel Cies. 2. Askam and Millom-Barrows. 3. John Brown and

---

[1]) Angaben über die Un. Steel Cies.: The Engineer 21. 12. 17., 4. 1. 18. ICTR. 22. 6. 17, g. 14. 12. 17. Times 28. 1. 19. Ryland's Dir. und Stock Exch. Off. Jearboog.

[2]) ICTR. 4. 10. 18. Times 26. 9. 18.

[3]) ICTR. 23. 7. 15, 8. 2. 18.

[4]) Deutscher Überseedienst Dez. 21.

Co.-Carnforth. 4. North Lonsdale-Whitehaven. Damit ist der Markt für Westküstenhämatit außerordentlich eingeengt worden. Das ist umso mehr der Fall, wenn man daran denkt, daß die Werke nicht nur durch Angliederung an Weiterverarbeiter wie bei Carnforth und Workington, sondern infolge ihrer Verbindung mit anderen Unternehmen durch gemeinsame Direktoren und Verwaltungsratmitglieder im Absatz gebunden sind, eine Erscheinung, die noch an anderer Stelle Erwähnung finden wird.

Nachdem so das Beste in festen Händen war, mußten alle Werke, die ein ähnliches Ziel verfolgten, sich anderswo hinwenden. Gelegenheit zum Erwerb von Erzfeldern war in Northamptonshire gegeben. Mehrere Unternehmungen zogen dorthin. Unter ihnen steht an erster Stelle, die Ebbw Vale Iron and Steel Co., die schon 1914 in dieser Gegend ein großes Feld an sich gebracht hatte. 1920 wurde ein zweites Feld bei Irthlingborough übernommen, das etwa 45 Millionen Tonnen Erz enthält [1]). Damit dürfte Ebbw Vale aller zukünftigen Sorgen, wenigstens was einen Mangel an Erzen anbetrifft, ledig sein. Ein anderes Walliser Werk, Baldwins Ltd. [2]), erwarb die gesamten Aktien der Brymbo Iron and Steel Co. bei Landore, Südwales, wobei ganz wesentlich die Absicht mitwirkte, dadurch die Kontrolle über die im Besitz der Brymbo Gesellschaft befindliche Oxfordshire Iron and Steel Co. zu erhalten und von ihr im Erzbezug unterstützt zu werden. Bell Bros. [3]), die mit Dorman, Long and Co. in Middelsborough liiert sind, pachteten neue Erzfelder bei Burley in Northamptonshire, die auf eine Förderung von sechs bis acht Millionen Tonnen geschätzt werden, während die Sheepbridge Iron and Coal Co. [4]) eine Pachtung bei Frodingham erwarb. Die Pearson and Knowles Coal and Iron Co. ging ebenfalls nach Northamptonshire und erwarb dort ein Feld. Ein anderes in North Staffordshire teilte sie mit der Lilleshall Co. [5]).

Diese Fälle bieten, abgesehen von der Tatsache des Erwerbes, nicht viel Bemerkenswertes. Bedeutungsvoller sind zwei andere Arten von Rohstoffangliederungen. Bei der ersten handelt es sich um das Entstehen neuer gemischter Werke aus reinen Stahlwerken. Bei der zweiten stehen neben der Sicherung der Rohstoffversorgung produktionstechnische Momente im Vordergrund.

Unter den Unternehmungen, die durch den Zusammenschluß von Stahlwerken und Hochofenwerken entstanden sind, nehmen die erste Stelle die United Steel Cies. ein, von denen bereits die Rede war. Die beiden Stahlwerke Steel, Peach and Tozer und

---

[1]) Auslandsnachr. d. Siemens-Schuckertwerke 15. 10. 20.
[2]) The Engineer 9. 1. 20.
[3]) Bell Br. ebenda.
[4]) Nach London Stock Exch. Jearboog 1920.
[5]) ICTR. 1. 11. 18.

Samuel Fox and Co. [1]) gliederten sich nicht nur Cumberländer Werke an, sondern, um für alle Möglichkeiten gerüstet zu sein, nahmen sie in der neuen Gesellschaft auch die Frodingham Iron and Steel Co. auf, die über ihren eigenen Bedarf hinaus basisches Roheisen produziert. Dies war ein besonders vorteilhafter Griff, weil die Frodingham Co. zugleich ihre Nachbarin kontrolliert, die Appleby Iron Co., die wie sie selbst in Scunthorpe beheimatet ist. Die besaß zwar nur die Hälfte des zur Kontrolle notwendigen Aktienkapitals, aber der Rest, welcher im Besitz der Steel Co. of Scotland war, die ehemals mit Frodingham zusammen die Kontrolle gehabt hatte, wurde an die neuen Besitzer abgetreten. Ein drittes Hochofenwerk, das an diesen Konzern ging, war Thomas Butlin and Co., die vier Hochöfen besitzen und Northamptonerze verschmelzen. Damit hatten die United Steel Cies ihrer großen Stahlproduktion, welche man auf 2 500 000 Tonnen im Jahre schätzt, eine starke Roheisen- und Erzgrundlage gegeben.

Ebenfalls sehr bedeutend ist die Interessengemeinschaft zwischen John Summers and Sons und der Wolverhampton Corrugated Iron Co., die im März 1920 die Aktienmajorität der Shelton Iron and Steel Co. [2]) erwarben. Ob für die beiden Stahl- und Walzwerke, der Wunsch einen Rohstofflieferanten zu haben, das Ausschlaggebende gewesen ist oder die Ausschaltung der Konkurrenz, da Shelton auch ein großes Walzprogramm hat, läßt sich nicht mit Sicherheit sagen; jedenfalls wird beides mitgewirkt haben. In Richtung des Rohstoffbezuges weist bei dieser Interessen-Gemeinschaft der Besitz von Zechen, Ziegeleien und Tongruben.

Ein drittes großes Stahlwerk, das sich zum gemischten Betrieb umbildete, ist David Colville and Sons Ltd. [3]), in Motherwell bei Glasgow. Dieses altbekannte schottische Unternehmen erwarb im Sommer 1916 die Glencarnock Iron and Steel Co., die einen guten Erzbesitz hat und in sieben Hochöfen Hämatit, phosphorhaltiges Roheisen und Gießereiroheisen herstellt und zum Teil selbst konvertiert.

Ähnlich ist das Vorgehen der Walliser Weißblechwerke von Richard Thomas and Co. in Swansea. Sie erwarben das gesamte Aktienkapital der Redbourn Hill Iron and Coal Co. in Scunthorpe (Lincolnshire), in der Hoffnung, von dort basisches Roheisen zu erhalten [4]).

Die produktionstechnischen Vorteile treten in den Erwerbungen des Dormankonzerns und der Furneßgruppe hervor. Dormans

---

[1]) The Engineer 21. 12. 17, 4. 1. 18. ICTR. 22. 6. 17, 14. 12. 17. Ryland's Dir. 1921. London Stock Exch. Journal 1920.

[2]) The Engineer 26. 1. 17. Ryland's Dir. u. Stock Exch. Jearboog.

[3]) Times 8. 7. 16.

[4]) Ryland's Dir. 1921.

hatten sich zunächst nach neuen Bezugsquellen [1]) für Eisenerz umgesehen, da ihre neu errichteten Werke in Redcar eine vermehrte Zufuhr benötigten. Sie erwarben zu diesem Zweck die Kilton Ironstone Mining Co. Für die Zukunft sorgten sie, indem sie sich die Kontrolle der neugegründeten Channel Steel Co. vorbehielten, die in der Nähe von Dover und an anderen Orten von Kent Erz- und Kohlenfelder besitzt. Ihr größter Erwerb aber und ein besonders glücklicher Griff war die Angliederung der Firma Sir B. Samuelson and Co. am Tees. Dormans erhielten bisher ihr Roheisen von den mit ihnen verbundenen Bell Bros. Eigene Hochöfen, nach denen sie schon lange Begehr getragen hatten, besaßen sie nicht. Dieser Wunsch, welcher durch die Ausdehnung der Stahlwerke im Kriege wohl noch gewachsen ist, wurde ihnen jetzt erfüllt. Durch Samuelson and Co. steht ihnen eine jährlicheRoheisenmenge von 275000 Tonnen zur Verfügung, die noch in flüssigem Zustande in die ihnen gehörigen BritanniaWerke gebracht werden kann, so daß zugleich die Möglichkeit des Arbeitens in einer Hitze gegeben ist. Da sie schon in Redcar durch den Bau neuer Stahlwerke im Anschluß an die vor dem Kriege erworbene Hochofenanlage der Firma Walker, Maynard and Co. einen gemischten Betrieb eingerichtet hatten, ist ihre technische Grundlage außerordentlich verbessert worden. Ein zweiter Vorteil liegt in den reichen Rohstoffvorräten, über die Samuelson and Co. verfügt. Die Erzgruben fördern jährlich etwa 500 000 Tonnen, neben denen noch etwas fremde Erze verhüttet werden. Zechen und Kokereien befinden sich in Durham, wo der Grubenbesitz von Samuelsons mit dem von Bells zusammenstößt, so daß eine Abrundung die Folge ist. Zuletzt wurde die Carlton Iron Ore Co. erworben, die im Jahre 1920 an Dormans überging. Carltons drei Hochöfen erblasen Hämatitroheisen und Ferromangan, sowie Spiegeleisen. Über eigene Erzfelder verfügen sie nicht. Der Hauptantrieb zum Erwerb scheint auf seiten Dormans weniger in dem Wunsch nach Besitz der Hochöfen gelegen zu haben, als in der Tatsache, daß Carlton Eigentümer der Mainsforth Colliery bei Ferryhill in Durham ist, was gleich hier erwähnt werden mag.

An die Vorgänge im Dormankonzern wird man erinnert bei Betrachtung einer anderen mächtigen Gruppe an der Nordostküste, des Furneßkonzerns [2]). Bestehend aus drei Werken, der Cargo Fleet Iron Co., der South Durham Steel and Iron Co. und der Weardale Steel, Coke and Coal Co. war er kurz nach 1900 zustande gekommen und zwar, wie Vogelstein richtig bemerkt, infolge des gemeinsamen finanziellen Interesses, das der damalige Lord Furneß an den Werken hatte. Das, was diesem Zusammenschluß fehlte,

---

[1]) Dormankonzern. Times 20. 12. 17. ICTR. 7. 5. 20. The Engineer 9. 1. 20. Ryland's Directory 1921. Stock Exch. Jearboog 1920.

[2]) Furneßgruppe. Ironmonger 12. 8. 16. Times 16. 12. 18. Stock Exch. Jearboog 1920. Ryland's 1921.

war eine gefestigte Rohstoffbasis, denn, wenn es auch beim ersten Anblick den Anschein hat, als ob die drei Werke sich in seltener Weise ergänzten, so ist das in Wirklichkeit doch nicht der Fall, da das, was an Rohstoffen zur Verfügung stand, nicht ausreichte. Zuerst entschied man sich dahin, eine neue Gesellschaft ins Leben zu rufen, die den Werken die benötigten Rohstoffe liefern könnte. So entstand im Jahre 1917 die East Coast Steel Corporation. Aus irgendwelchen Gründen, wahrscheinlich weil die Kosten zu hoch waren, mußte man von dem Bau neuer Anlagen abstehen. Die East Coast Steel Corporation unternahm es nun, die Rohmaterialien auf anderem Wege zu beschaffen. Im April 1918 gliederte sie sich ein Hochofenwerk, Cochrane and Co. Ltd., in Middlesborough, an, das neben dem Besitz von vier Hochöfen Zechen und Erzgruben in Cleveland sein Eigen nennt. Noch im selben Jahre wurde die Seaton Carew Iron and Steel Co. angeschlossen, die den Furneßwerken in Westhartlepool benachbart sind, nämlich der South Durham Iron and Steel Co., die dort Stahl- und Walzwerke besitzt, aber keine Hochöfen hat. Ihr mußte die nunmehr möglich gewordene Versorgung mit flüssigem Roheisen ganz besonders zustatten kommen.

Auf der Suche nach Erz sind die Grenzen Englands überschritten worden. Mehr oder weniger großzügige Projekte wurden dabei geplant. Es sei an den schon vorhin gestreiften Vorschlag des Untersuchungsausschusses erinnert, der mit Hilfe der Regierung und großer Syndikate möglichst viele Erzfelder aufkaufen wollte, um die Zukunft der englischen Eisenindustrie sicherzustellen und der deutschen Konkurrenz den Bezug zu erschweren.

Nicht minder großzügig sieht sich von der Rohstoffseite der Plan an, einen englisch-kanadischen Stahl-Trust zu gründen, der anscheinend von der Furneßgruppe ins Leben gerufen wurde. Die British Empire Steel Corporation [1]) sollte englische und kanadische Werke umfassen, unter letzteren die Dominion Steel Corporation und die Nova Scotia Steel and Coal Co., ferner einige kanadische Dampferlinien und Werften. Wieweit die Ausführung gediehen ist, entzieht sich der Kenntnis, da nähere Nachrichten darüber fehlen. Die Furneßgruppe hat jedenfalls nach einer Meldung der ICTR. eine „alliance" mit der Dominion Steel Corporation beibehalten [2]). Der Gedanke ist sehr verlockend, die zur Neige gehenden guten Erzvorräte Englands durch solche in den Kolonien zu ersetzen.

Als Nachtrag aus der Vorkriegszeit mag hier die Itabira Iron Ore Co. Erwähnung finden, welche im Jahre 1911 von Dormans und einigen anderen, darunter Samuelson and Co., gegründet war, um die Erzlagerstätten in der brasilianischen Provinz Minas Geraes

---

[1]) Kartell-Rundschau 1920, S. 227. Times 20. 12. 20, 4. 5. 20, 22. 1. 21.
[2]) ICTR. 31. 12. 20.

in Brasilien auszubeuten. Durch ihre Verbindung mit Samuelson vergrößerten Dormans ihren Anteil an dem Aktienbesitz dieses Unternehmens. Eine Verstärkung ihres ausländischen Erzbesitzes erlangte die Consett Iron Co. [1]). Ihre Untergesellschaft, die Consett Spanish Ore Co., besaß ein Viertel der Aktien der Oconera Iron Ore Co. in Spanien, zu deren Aktionären neben Guest, Keen and Nettlefolds auch die Firma Friedr. Krupp zählte. Die Kruppschen Aktien wurden von Consett gekauft, nachdem in einem seltsam anmutenden Verfahren die englischen Gerichte die Veräußerung der Aktien beschlossen hatten. An den algerischen Mines de Fer de Rouina beteiligte sich die Palmers Shipbuilding and Iron Co. [2]). Auch von Cammels ist einmal in Verbindung mit ausländischem Erzbesitz die Rede, wobei es allerdings dahingestellt bleiben soll, ob diese Beteiligung jüngeren oder älteren Datums ist. Nach einer deutschen Quelle sind sie bei der Saguntogesellschaft beteiligt, die ihrerseits zu einer mit der Spanischen Rheederei Sota y Aznar verbundenen Gruppe gehört [3]).

Weniger zahlreich als auf dem Gebiete der Erzversorgung sind die Zusammenschlüsse von Eisenwerken und Kohlengruben. Das mag seine Ursache darin haben, daß die Kohlenversorgung nicht in demselben Maße gefährdet erschien wie jene. Der Kohlenreichtum übertrifft bei weitem den Reichtum an Erzen und die Marktverhältnisse liegen noch günstiger, wenn auch gegen frühere Zeiten erhebliche Veränderungen eingetreten sind. Einige Angliederungen von Kohlengruben sind schon berührt. Dort, wo Hochofenanlagen neu gebaut oder hinzuerworben wurden, bekümmerte man sich auch um die Kohlenversorgung, wie der Erwerb der Channel Co. und der Carlton Iron Co. durch Dormans beweist [4]). Unter den Werken der Nordostküste, die in dieser Weise vorgingen, befinden sich auch Palmers [5]), die die South Pelaw Collieries übernahmen, und Pease and Partners [6]), welche sich innerhalb von fünf Jahren zwei Hochofenwerke angegliedert haben, die Normanby Ironworks 1911 und 1916 die Tees Bridge Iron Co. Früher waren sie als Rohstoffbesitzer- und Lieferanten bekannt. Pease and Partners übernahmen im März 1920 das gesamte Aktienkapital von Henry Stobart and Co., eines bedeutenden Kohlenbergwerks. Noch im selben Jahre kam eine andere Zeche hinzu, die Northbitchburn Coal Co. Ihre Kontrolle über die Zechen von T. und R. W. Bower Ltd. dürfte gleichfalls neueren Datums sein.

---

[1]) Wirtschaftl. Nachrichtendienst des Deutschen Überseedienstes 23. 9. 19.
[2]) Times 27. 9. 1920.
[3]) Deutscher Überseedienst 1921, Nr. 25.
[4]) Times 12. 12. 16. Engineer 9. 1. 20.
[5]) Times 27. 9. 20.
[6]) Wirtschaftl. Nachrichtendienst des Deutschen Überseedienstes vom 23. 9. 19. Ryland's Dir. 1921. Stock Exch. Jearboog 1920.

Ein ganz ausgesprochener Drang zur Kohle — so muß man es schon bezeichnen — ist bei den Walliser Werken zu verspüren. Vier große Unternehmen haben sich Zechen angegliedert. Das dürfte aus einem dreifachen Grunde geschehen sein. Erstens haben sie, wie zum Beispiel Ebbw Vale und Baldwins Ltd., ihre Hochofenanlagen ausgebaut oder neue hinzu erworben und Fortschritte in der Anlage von Kokereien gemacht. Zweitens wurde gerade im Walliser Kohlenbergbau durch Zusammenschlüsse und Verbandsbildungen ein gewisser Zwang in dieser Beziehung ausgeübt, dem sich die Werke um so weniger entziehen konnten, als es einigen von ihnen an Kohlen mangelte. Drittens ist der Besitz von Kohlengruben in Wales ein erträgliches Geschäft und deshalb in hohem Maße geeignet, als Risikoausgleich zu dienen.

Baldwins [1]), die auf eine „dauernde und gute Versorgung mit Kohlen Wert legten", vervollständigten ihren Besitz an Aktien der Cribbw Fawr Collieries in den ersten Kriegsjahren. 1919 vergrößerten sie ihre Kohlenbasis durch Hinzunahme der Taylor Navigation Collieries und der Cardiff Navigation Collieries. Damit haben sie es auf eine jährliche Kohlenförderung von über 1 400 000 Tonnen gebracht. Auf einer ihrer Generalversammlungen wurde die Lage einmal folgendermaßen zum Ausdruck gebracht: „Experience has been that to rely on purchasing coal on the market is to run a grave risk of being stranded for supplies." Ihre Konkurrenten, die Ebbw Vale Iron and Steel Co. [2]), erwarben im Verein mit der Firma Beynon das Aktienkapital von John Lancaster and Co. Die im Besitz von Beynon befindlichen Aktien gingen später ebenfalls an sie über. Zur Abrundung ihres Felderbesitzes in Abercarn diente der Erwerb der Abercarn Black Vein Steam Coal Co., und zuletzt schlossen sie sich die Lancaster Steam Coal Co. an, die jährlich $6^1/_2$ Millionen Tonnen fördert. Sie haben infolgedessen mehr als sie in den eigenen Betrieben verbrauchen können.

Lohn Lysaght Ltd. [3]) haben sich mit dem mächtigsten Walliser Zechenkonzern zusammengetan, dem Rhondakonzern, was schon äußerlich dadurch in Erscheinung tritt, daß die Viscountess Rhonda, die Gemahlin des verstorbenen Gründers des Konzerns, im Verwaltungsrat von Lysaghts sitzt. Nicht minder haben sich ihre Freunde, die mit ihnen verbundene Firma Guest, Keen and Nettlefolds [4]), bemüht. Nach ihrer Vereinigung mit Lysaghts erwarben sie zusammen mit diesen einen zur Kontrolle genügenden Anteil

---

[1]) Times 27. 10. 16/8. 7. 20. Economist 24. 9. 21.
[2]) Economist 19. 6. 20. Ryland's D. 1921. London Stock Exch. Yearb. 1920.
[3]) Ironmonger 13. 9. 19. Times 14. 11. 19.
[4]) Economist 24. 9. 21. Ryland's Stock Exch. Yearbook.

am Aktienkapital der Meiros Collieries, dem sich der Erwerb der Crown Preserved Coal Co. anschloß.

Von schottischen Unternehmungen haben, soweit sich solches feststellen ließ, David Colville and Sons Ltd. [1]) ihren neu gebildeten gemischten Betrieb mit den dazu gehörigen Kohlen ausgestattet, indem sie sich mit Archibald Russel Ltd. verschmolzen, die zu den größten Zechenbesitzern in Schottland zählen. Ferner verschaffte sich die Shotts Iron Co. [2]) die Kontrolle über die Kepplehill Coal Co. in Lancashire.

Eigentümlich mutet es an, daß sich einige große Werke, die im Kriege ihre Anlagen sehr erweitert haben, in der Reihe derjenigen, die ihre Rohstoffbasis zu festigen suchen, nicht befinden, zum Beispiel Cammels, Bolckow, Vaughan and Co. und die beiden „armament firms", Vickers und Armstrongs. Bei Bolckows ist der Grund offensichtlich, denn sie waren schon vor dem Kriege selfcontained, im Bezug der Rohstoffe unabhängig. Cammels haben seit dem Verkauf ihrer Cumberländer Werke an die Workington Iron and Steel Co. (siehe oben S. 147) keine Hochöfen mehr. Sie sind aber noch bei der Workington Gesellschaft beteiligt und außerdem bei einigen ausländischen Erzunternehmen. Auf diese Weise werden sie sich wohl den Roheisenbezug freihalten können. Was die beiden anderen angeht, Vickers und Armstrongs, so sind sie bisher immer als Typ englischer Werke dargestellt worden, die trotz ihres weiten Hineinragens in die Fertigindustrie und trotz des Umfanges ihrer Betriebe ohne irgendwelchen Rohstoffbesitz waren. Sie haben nicht einmal Hochöfen. Wieser [3]) bezieht sich ausdrücklich auf diese Werke als Beweis für die Möglichkeit des Einkaufes im freien Markt. Da muß man doch wohl eine Einschränkung machen. Ganz so, wie es den Anschein hat, ist die Sache nicht, weder früher noch heute, wenigstens bei Vickers nicht. Durch die Mitglieder ihres Verwaltungsrates haben sie außerordentlich weitreichende Verbindungen. So wird man von der Roheisenversorgung annehmen können, daß sie dadurch sehr gefestigt ist. Ein Mitglied der Familie Vickers [4]) ist im Verwaltungsrat von Merry and Cunninghame, der großen Roheisenfirma in Glasgow. Eine andere Quelle öffnet sich ihnen durch ihre Verbindung mit William Beardmore and Co., ebenfalls eine der bekanntesten, wenn nicht die bekannteste und größte, schottische Firma. Der Chairman von Beardmores ist ebenfalls im Verwaltungsrat von Merry and Cunninghame und außerdem im Präsidium der Glasgow Iron and Steel Co. Durch ein anderes Familienmitglied haben sie Einfluß auf zwei Zechen. Man wird kaum in der Annahme fehlgehen, daß derartige Verbindungen

---

[1]) The Engineer 2. 1. 20.
[2]) Rylands 1921. Stock Exch. Of. Yearbook 1920.
[3]) Wieser S. 66.
[4]) Nach Directory of Directors zusammengestellt. Jahrg. 1921.

in dem oben angedeuteten Sinne ausgenutzt werden. Leider gestattet es das verfügbare Material nicht, näher darauf einzugehen. Zweifelsohne würde man zu sehr interessanten Aufschlüssen bezüglich der Bedeutung des Verwaltungsrates für die englische Industriepolitik kommen. Soviel ist sicher, daß er eine nicht geringe Rolle spielt und daß durch seine Vermittlung die augenscheinlich vorhandene Zersplitterung und Isolierung mancher englischer Werke in Wirklichkeit gar nicht so groß ist, wie man sie gewöhnlich hinstellt.

Gleich nach dem Kriege haben sich sowohl Vickers wie Armstrongs an zwei gemischten Werken beteiligt, Vickers bei der neu gebildeten und umgestalteten Park Gate Iron and Steel Co., in deren Verwaltungsrat auch John Brown and Co., sowie deren Verbündete Thomas Firth and Sons, das Sheffielder Qualitätswerk, vertreten sind, und Armstrongs bei der Pearson and Knowles Coal and Iron Co. Als was dieser Vorgang zu bewerten ist, kann man bei dem Fehlen genügender Unterlagen nicht sagen. Als einen Versuch zur Sicherung von Rohmaterialien wird man es sicher nicht auffassen können. Bei der Pearson and Knowles Co. sollen es finanzielle Rücksichten gewesen sein, die diese Gesellschaft zum Anschlusse an Armstrongs bewogen haben.

b) Das Angliederungsstreben in Richtung des Absatzes.

Die zweite Richtung des vertikalen Angliederungsstrebens ist aus dem Bemühen hervorgewachsen, der durch den Krieg so gesteigerten Stahlproduktion die Wege im Absatz zu ebnen und alle Gefährdungen für die Kontinuität des Betriebes von dieser Seite her nach Möglichkeit auszuschalten. Beide Wege, Abwälzung des Risikos und Ausgleich, sind dabei verfolgt worden. Im Vordergrunde steht die Abwälzung des Risikos. Das ist nicht nur deswegen der Fall, weil diese Art des Vorgehens leichter und doch sehr erfolgversprechend ist, sondern man hat den zweiten Weg auch deshalb weniger begangen, weil, wie wir sehen werden, viele Unternehmungen weder ein Verlangen danach tragen, noch in der Lage sind, solche Pläne zu verwirklichen.

Beim ersten Anblick scheint die Konzentrationsbewegung, soweit ihr die Abwälzung des Risikos zugrunde liegt, unentwirrbar und zusammenhanglos. Doch läßt sich das Wirrsal auflösen, wenn man allen Erwägungen zwei Gedankengänge voranstellt. Sie wurzeln in folgenden Fragen: Erstens, wo mußte das Angliederungsstreben am stärksten sein? und zweitens, wohin mußte es sich wenden? Am stärksten war es dort, wo die größten Ausdehnungen während des Krieges gemacht waren und wo die meiste Gefahr für die Kontinuität des Betriebes bestand. Es mußte sich dorthin wenden, wo der größte Bedarf war, wo sich die meisten Aussichten für einen gesteigerten Absatz erwarten ließen. Daraus erklärt es sich, daß die Konzentrationsbewegung in Richtung des Absatzes ganz besonders von den Werken der Rüstungsindustrie vorgetragen worden ist, denn sie hatten die größte Erweiterung im Kriege erfahren und am meisten unter dem plötzlichen Aufhören der staatlichen Aufträge zu leiden, zumal mit einer Einschränkung des Kriegsbedarfes überhaupt zu rechnen war.

Aus dem Verlaufe der Bewegung heben sich deutlich drei Richtungen ab: Schiffbau, Eisenbahnmaterial und Elektroindustrie. Daß gerade diese drei von den Werken ausersehen sind, findet gemäß dem eben Gesagten seine Begründung in den zukünftigen Geschäftsaussichten dieser Zweige. Der ungeheure Schiffsverlust Englands erforderte nach Friedensschluß schleunigstens seinen Ersatz. Das, was im Kriege an Einheitsschiffen und ähnlichen Typen gebaut war, ließ sich wohl als Notbehelf brauchen, konnte aber nicht lange in regelrechter Friedensfahrt Dienst tun. Und auch andere Staaten hatten ihren Flottenbestand zu ergänzen, um der drohenden Frachtraumnot zu begegnen. Ein gut Teil dieser Aufträge mußte den englischen Werften zufallen.

Die Eisenbahnen waren im Kriege sehr abgenutzt. Hier galt es zunächst, die Kriegsschäden zu ersetzen und daneben das Material für neue Bahnbauten, insbesondere auch in den überseeischen Gebieten, bereitzustellen.

Die Elektroindustrie verdankt ihre Bevorzugung ebenfalls den Plänen im Verkehrswesen. Man dachte an eine Elektrifizierung der Bahnen, wie man nach einem Ausspruch auf der G. V. [1]) von Vickers schließen darf. Dort wurde nämlich gesagt, daß sich in dieser Beziehung „große Dinge" vorbereiteten. Überhaupt rechnete man für die Nachkriegszeit mit einem allgemeinen Aufschwung im Elektrizitätswesen, das ja in England immer etwas zurückgestanden hatte, nicht zum wenigsten wegen der Benutzung von Gas zu Leuchtzwecken.

Als die ersten Beispiele seien Vickers Ltd. und Armstrong, Whitworth and Co. Ltd. herangezogen. Schon bald nach Kriegsende beginnen sie damit, sich andere Unternehmen anzugliedern. Auf gänzlich neues Gebiet wie manche Werke, die bisher nicht über die Walzwerksindustrie hinausragten, haben sie sich dabei nicht begeben. Schon seit langem, man kann sagen von jeher, ragten sie weit in die Verfeinerung hinein. Hier, im Kriegsschiffs-, Geschütz-, Maschinen- und Motorenbau, lag ihr eigentliches Spezialgebiet, auf dem sie groß und berühmt geworden waren. Immerhin mußten auch sie aus den gewohnten Bahnen heraus. Das erneute Vordringen auf diesem Gebiet wird am besten durch Worte gekennzeichnet, die auf der G. V. von Armstrongs gefallen [2]), nichts-

[1]) G. V. 24. 3. 19. Times 25. 3. 19.
[2]) Times 29. 1. 19.

destoweniger für Vickers dieselbe Gültigkeit besitzen: „Our works, always large, had grown to vast dimensions during the war; with the armistice came not only the sudden cancellation of substantial contracts, but also what was more serious, the realisation that there was little likelihood and certainly no immediate likelihood of a continuance of armament orders. We had to launch out immediately upon new and unfamiliar lines.“

Vickers [1]) vereinigten sich zuerst mit der Metropolitain Carriage and Finance Co. Ltd., die selbst schon einen Zusammenschluß von sieben anderen Unternehmen darstellt. Beide Werke hatten bereits früher in nahen Beziehungen zueinander gestanden, zum Teil als Lieferanten und Abnehmer, zum Teil hatten sie gemeinsame Interessen an anderen Unternehmungen. So waren beide bei der British Westinghouse Co. beteiligt, ebenso bei der Metropolitain Light and Power Co. und anderen. Im Zirkular an die Metropolitain-Aktionäre wurde ausdrücklich darauf hingewiesen, daß Vickers durch die Verbindung in die Lage versetzt wären, von ihren im Kriege außerordentlich ausgedehnten Anlagen den besten und wirksamsten Gebrauch machen zu können. Und damit dürfte der für Vickers maßgebende Grund getroffen sein. Von jetzt ab kontrollieren Vickers vollständig die British Westinghouse Co., deren Namen man in Vickers Metropolitain Electrical Co. umwandelte. Einige Wochen später, im April 1919, kündigten Petters ihren Zusammenschluß mit Vickers an. Sie sind die Fabrikanten der Petter Patent Semi Diesel Oil Engine. Man gründete sofort eine neue Gesellschaft, die Vickers Petters Ltd., in deren Verwaltung Petters drei und Vickers vier ihrer Direktoren entsandten. Im Mai wurden W. T. Glover and Co. Ltd. übernommen, welche Drahtfabrikanten sind, wohl in Ergänzung der elektrischen Unternehmungen. (Drähte und Kabel!) Im Oktober wurde die Vickers Salvage Co. ins Leben gerufen. Sie übernahm die Aktien der Ocean Salvage Co., einer Bergungsgesellschaft, und ebenso die Aktien der Vickers Patent Pontoon Co.

In ähnlicher Weise gingen Armstrongs [2]) vor. Auch sie „erkannten es als wünschenswert, neben den Rüstungswerken einen größeren Anteil „commercial engineering works“ zu erhalten“. Zu diesem Zweck gründeten sie eine Untergesellschaft, The Armstrong, Whitworth Development Co. mit einem Kapital von 2 Millionen Pfund, die eine doppelte Aufgabe hatte: Erwerb von Aktien und Betrieb folgender Geschäftszweige, Eisengießereien, Maschinenfabriken, Werkzeugfabriken, Messingwerke, Eisen- und Stahlwerke, Fabriken elektrischer Maschinen und Motoren. Die zweite

---

[1]) Vickerskonzern: Times 25. 3. 19, 4. 4. 19, 21. 5. 19, 24. 10. 19. ICTR. 21. 3. 19.

[2]) Armstrongs. Times 24. 3. 19, 26. 4. 19, 29. 8. 19, 24. 11. 19, 28. 1. 20. ICTR. 11. 7. 19.

Aufgabe war die Aufrechterhaltung einer engen Verbindung zwischen den einzelnen dem Konzern gehörigen Werken. Man wollte auf diese Weise Armstrongs in den Stand setzen, „to carry out work in all branches of engineering“. Den ersten Schritt bildete der Erwerb der Siddeley Deary Motor Car Co. Ltd. und der A. Siddeley Motor Co. Ltd., die von jetzt ab als „The Armstrong, Siddeley Motor Co. Ltd. firmieren. Beide sind, wie der Name schon sagt, Fabrikanten von Motorwagen. Diesem folgte die Übernahme von A. and I. Main and Co., welche Brückenbaumaterial, eiserne Bedachungen und Umzäunungen herstellen und eigene Niederlassungen in Südafrika besitzen. Ihre Spezialität aber ist die Herstellung von Pumpmaschinen und elektrischen Kränen. Im November 1919 erhielten Armstrongs die Kontrolle über Mssrs. Crompton and Co. Ltd. in Chelmsford, nachdem sie sich bereit erklärt hatten, einen Teil einer vorgeschlagenen Kapitalvermehrung zu übernehmen. Cromptons sind Fabrikanten von Ventilatoren und Scheinwerfern. Daneben liefern sie Einrichtungen für Elektrizitätswerke. Man wollte damit, wie ein G.V.-Bericht sich ausdrückt, eine Basis gewinnen, um große Elektrifizierungspläne ausführen zu können. Zunächst sollte mit ihrer Hilfe eine Armstrongs gehörige Maschinen- und Werkzeugfabrik in Manchester mit Motoren versehen werden. Das ist, soweit das vorliegende Material einen Überblick gestattet, der letzte Erwerb von Armstrongs. Die Ähnlichkeit ihrer Politik mit der von Vickers verfolgten ist trotz einzelner Verschiedenheiten nicht zu verkennen. Hier wie da sucht man den Absatz zu erweitern. Bei Armstrongs liegt das Schwergewicht mehr in den elektrischen Unternehmungen, während Vickers das Transportwesen bevorzugen. Für beide dürfte dieser Umstand angesichts ihrer vor allem aus Rüstungs- und Werftaufträgen bekannten Konkurrenz von Vorteil sein. Daß sie sich dem Schiffbau nicht zugewandt haben, ist in Anbetracht dessen, daß sie seit langen Jahren im Besitz von Werften sind, selbstverständlich.

Daß die Konjunktur in der Rüstungsindustrie vorüber sei, sahen auch Cammels [1]) ein, welche die National Ordnance Factory zu Nottingham in ein Werk für die Herstellung von Eisenbahnmaterial umwandelten, um dort die Massenfabrikation von stählernen Güter- und Personenwagen zu betreiben. Sie schritten auf dieser Bahn weiter fort, indem sie sich die Midland Railway Carriage and Waggon Co. angliederten. Beide Werke arbeiteten seit längerem miteinander und hatten gemeinsam einen großen Kontrakt auf Eisenbahnmaterial für Indien auszuführen. Jetzt hoffte man bei Cammels, hier einen großen Teil der Stahlerzeugung absetzen zu können.

[1]) Engineer 5. 8. 19. Ryland's Dir. 1921. London Stock Exch. Of. Yearbook 1920.

Aus dem gleichen Grunde waren John Brown and Co. [1]) bei der Cravens Railway and Waggon Co. beteiligt. Beide Sheffielder Firmen, Cammel, Laird and Co. und Browns, die seit früherer Zeit schon durch Aktienbesitz bei der Fairfield Shipbuilding Co. und den Coventry Ordnance Works zueinander Beziehungen hatten, brachten gemeinsam mit der ebenfalls an den Coventrywerken beteiligten Fairfield-Gesellschaft die Ordnance Works in einen neu gegründeten Konzern ein, der English Electrical Co., der sich aus einer Reihe von Werken der Elektroindustrie zusammensetzt, worunter Dick, Kerr and Co. Ltd. die bedeutendsten sind. Auch hier wollte man sich die Zukunftsaussichten bei der Elektrifizierung der Eisenbahnen, dem Bau von Kraftwerken und hydro-elektrischen Anlagen nutzbar machen.

Alle bis jetzt erwähnten Unternehmen haben das Eine miteinander gemeinsam, daß sie schon immer über die Walzwerksindustrie hinausragten. Für sie war es gewissermaßen selbstverständlich auf dem bisherigen Wege weiter zu gehen. Ihnen gegenüber stehen andere, ebenfalls große und bedeutende Werke, die ihren Wirkungskreis beibehielten und den Absatz ihrer vermehrten Stahlerzeugung unter Wahrung des alten Geschäftsbereiches sicherstellten. Von den Werken, welche hier zu nennen sind, haben Bolckow, Vaughan and Co. [2]) in Middlesborough die bedeutendste Stellung inne. Schon 1916 gliederten sie sich die Eston Sheet and Galvanizing Co. an, ein großes Walzwerk, das von ihnen als „outlet for halffinished goods“ bezeichnet wird. Sicherlich übernahmen sie damit nicht nur eine große Kundschaft, sondern hatten auch den Vorteil, dem unter Kriegsverhältnissen langwierigen und kostspieligen Bau eigener Anlagen zu entgehen. Ein zweites Walzwerk, die Darlington Rolling Mills, kamen im Sommer 1920 in ihren Besitz, ebenfalls ihrer „steel capacity“ wegen.

Dasselbe machten die United Steel Cies [3]). Sie beteiligten sich zunächst an einem neu errichteten Konzern, den Temple Borough Rolling Mills, die die Anlage von Walzwerken planten. Durch diese haben sie wieder Verbindung zu W. Coke and Co. Ltd. und E. A. Smith and Co. Ltd., beides Drahtzieher. Ferner stehen sie in Verbindung mit Thomas Smith Stamping Works und den Sheffield Testing Works. Wie die United Steel Cies. schloß sich die Pearson and Knowles Coal and Iron Co. ein Drahtwerk an, nämlich John Ryland Bros. Ltd., Fabrikanten von Draht, Drahtnetzen, Federn und Kabeln [4]).

Zwei bedeutsame Zusammenschlüsse, die etwas aus dem bis-

---

[1]) ICTR. 4. 10. 18. Times 8. 9. 16, 8. 3. 19, 2. 11. 19. Engineer 10. 1. 19, 9. 1. 20. Ryland's Dir. 21. Stock Exch. Of. Yearb. 20.

[2]) Engineer 21. 12. 17, 4. 1. 18. ICTR. 22. 6. 17, 14. 12. 17.

[3]) Times 27. 9. 17, 3. 7. 20.

[4]) Stock Exch. Of. Yearb. 20. Ryland's Dir. 21.

herigen Rahmen herausfallen, sind in Verbindung mit der Röhrenindustrie vorgekommen. Im Sommer 1920 vereinigten sich Stewards und Lloyds [1]), deren Entstehung durch Fusion mehrerer Firmen Macrosty schildert, mit Alfred Hickman Ltd., einem bedeutenden gemischten Werk in Wolverhampton. Stewards und Lloyds machten diesen ein Aktientauschangebot, welches angenommen wurde. Die Röhrenwerke waren die besten Kunden von Hickmans. Der Tausch wurde damit begründet, daß bei einer Vereinigung beider Unternehmen der Absatz für Hickmans gesichert sei, was angesichts der verdoppelten Stahlerzeugung dieser Firma als besonders wichtig anzusehen sei. — Die nächsten waren Baldwins Ltd., welche die Kontrolle über die British Mannesmann Tube Co. übernahmen. Die Mannesmann Tube Co. war schon seit längerem mit dem Plan umgegangen, sich ein eigenes Stahlwerk zuzulegen, um die Versorgung mit Stahl der gewünschten Qualität besser in der Hand zu haben. Im Kriege war der Bau nicht möglich. Hernach waren ihnen die Kosten gleichfalls zu hoch. Die dazu notwendige Kapitalsverdoppelung fürchteten sie nicht verzinsen zu können. Da ihre Werke in Newport neben denen von Baldwins lagen, war der Zusammenschluß für beide Parteien sehr bequem. Die Mannesmann-Gesellschaft sparte vor allen Dingen Frachtkosten und hatte die Gewißheit dauernder Versorgung mit Stahl von gleichmäßiger und gewünschter Qualität, ganz abgesehen von der Verringerung der Lagerkosten, die sich für sie einstellte. Baldwins aber bekamen eine sichere Absatzgelegenheit, denn die Tube Co. beanspruchte wöchentlich ungefähr 1000 Tonnen Rohstahl, die binnen kurzem auf 2000 gebracht werden sollten.

Am Schlusse dieser Aufzählung mögen zwei Verschmelzungen mit dem Schiffbau und einige andere, deren Träger Sheffielder Stahlwerke sind, ihren Platz finden.

Von zwei Werften wurde die Steel Co. of Scotland [2]) aufgenommen, deren sämtliche stimmberechtigte Aktien in fremden Besitz gingen. Leider sind nirgends die neuen Eigentümer genannt. Es kommen aber nur schottische Werften in Frage. David Colville and Sons Ltd. [3]) hatten zunächst nach ihrer Umbildung zum gemischten Werk für den Erwerb von zwei Stahlwerken Sorge getragen. Es waren die Clyde Bridge Steel Co., welche besonders Bleche walzt, und Smith and Maclean, deren Walzprogramm Bleche, Stabeisen und Fassoneisen umschließt. Im Januar des Jahres 1919 wurde Colvilles Vereinigung mit der bekannten Werft von Harland and Wolf in Belfast, und neuerdings auch London, gemeldet, auf deren Seite die Sorge um die Rohstoffbeschaffung wohl ausschlaggebend gewesen ist. Ihre Anlagen in Belfast, die früher von dem

[1]) Times 27. 1. 21, 22. 12. 20.
[2]) Stock Exch. Yearb. 20.
[3]) Engineer 31. 1. 19, 2. 1. 20.

gegenseitigen Dumping der englischen und schottischen Stahlwerke gelebt hatten, sollten vermutlich auf eine sichere Grundlage gestellt werden, nachdem sich der Markt für Schiffbaumaterial durch die herrschende Knappheit, besonders an Blechen, verengt hatte und die schottischen und englischen Stahlwerke zu festeren Beziehungen zu gelangen schienen. Durch fortdauernde Amalgamationen mit anderen Werften war ihr Bedarf gestiegen. 1912 hatten sie die London and Glasgow Engineering and Shipbuilding Co. erworben, später noch zwei andere Werften, dann Caird and Co. in Greenock und 1917 Barclay, Curle and Co. Ltd., die sich ihrerseits 1913 mit Swan, Hunter and Wigham Richardson and Co. zusammengetan hatten.

Die letzten nun, die Sheffielder Werke, mit Ausnahme von Hadfields Ltd. und William Jessopp and Sons Ltd., alle kleineren Umfanges, sind unter die sogenannten Qualitätsstahlwerke zu rechnen. Hadfields [1]) haben sich mit Harper Bean Ltd. verbunden, die von ihnen den Stahl für ihre Maschinen und Motoren erhalten. Harper Bean Ltd. sind aus einer Fusion von nicht weniger als neun Unternehmungen der Elektroindustrie und des Maschinenbaus entstanden. Wenn es vorher ein Problem gewesen war, „wie Hadfields ihre neuen Elektroöfen in Gang halten sollten", jetzt war es aller Wahrscheinlichkeit nach gelöst. Hadfields nahmen auch noch John Baker and Co. in Rotherham auf, die ihnen schon lange nahestanden und von ihnen den Stahl für die Herstellung ihrer Eisenbahnräder, Achsen, Federn und dergleichen bezogen.

W. Jessopp and Sons [2]), die ihren hochwertigen Stahl nach dem Siemens-Martin- und dem Tiegelverfahren herstellen, vereinigten sich mit der Birmingham Small Arms Co. Ltd., deren Beziehungen zu ihnen sich im Kriege sehr verdichtet hatten, als Jessopps dem Birminghamer Werk den Qualitätsstahl für die dort hergestellten Waffen lieferten. Brown Baileys Steelworks [3]) gliederten sich 1919 die Farnley Iron Co., ein Walzwerk in Leeds, an und das altberühmte Unternehmen Henry Bessemer and Co.[1]), das noch den Namen seines Gründers führt, der einst die neue Ära in der Stahlfabrikation heraufrief, wurde von den Agricultural and General Engineers aufgenommen, einer Fusion von neun Maschinenfabriken.

Bei weitem nicht in der gleichen umfangreichen Weise ist die Politik des Risikoausgleiches befolgt worden. Das liegt zunächst daran, daß viele Werke sich mit der Verbindung zu weiterverarbeitenden Unternehmen begnügten. Sie glaubten genug getan zu haben, wenn sie so Produktionsvermögen und voraussichtliche Absatzgelegenheit miteinander in Einklang gebracht hatten.

---

[1]) The Engineer 26. 3. 20. Nachr. f. Ind. u. Handel. 15. 12. 19.
[2]) Times 24. 1. 20.
[3]) Stock Exch. Yearb. 20. Engineer 13. 8. 20.

Jede weitere Veranlassung fiel damit für sie fort, auch noch den Weg des Risikoausgleichs zu beschreiten. Allenfalls suchten sie einen Ersatz durch Gründung von Agenturen oder bevorzugten bei Zusammenschlüssen Unternehmen mit ausgedehnten Auslandsbeziehungen. Dort aber, wo große Werke schon weit in die Verfeinerung hineinragten wie die Rüstungswerke, oder ein Spezialistentum entwickelt hatten wie die Walliser Weißblechwerke, tritt auch das Streben nach einem Risikoausgleich in Erscheinung. Ihr großes Kapital zwingt sie, so viele Sicherungsmaßnahmen zu ergreifen wie nur möglich und erleichtert ihnen auf der anderen Seite die kostspielige Gründung von eigenen Werken im Auslande. Diese Art des Risikoausgleiches, die örtliche, im Gegensatz zur sachlichen, der Angliederung verschiedener Gewerbzweige, ist die herrschende. Die Gründe dafür dürften in der Erwägung liegen, daß die Angliederung eines fremden Geschäftszweiges leicht die Gefahr der Zersplitterung mit sich bringt, um so mehr, je größer der Umfang des alten und des neuen Geschäftes ist. Ebenso sind, was erwähnt wurde, besonders große Kapitalien die Voraussetzung.

Als einziges Beispiel für einen solchen sachlichen Risikoausgleich sind die Amalgamated Industrials Ltd. [1]) zu erwähnen. Dieser Konzern, der im November 1920 22 Gesellschaften der unterschiedlichsten Art umfaßte, scheint seinen Mittelpunkt in der Person des Chairmans John Slater zu haben, von dessen Unternehmen aus die Zusammenballung aller dieser Interessen erfolgte. Er bezeichnet es einmal als seinen Ehrgeiz, eine geschlossene Unternehmung zu schaffen, wobei er ein doppeltes Ziel verfolgt, den Konzern unabhängig im Rohstoffbezuge zu machen und einen Risikoausgleich herzustellen. So besitzt die Gesellschaft Zechen, Eisengießereien, Hochöfen (Stahlwerke fehlten damals noch, sollten aber hinzukommen), ferner Werften, Reedereien, eine Seeversicherungsgesellschaft, Spinnereien (!) und „Brick and Sanitary Ware Works". Zur Unterstützung der Reederei ist ein Kohlenexportgeschäft ausgebaut worden, und in Verbindung damit soll Erz und Holz importiert werden, um die Rückfracht zu sichern.

Daß unter Umständen auch der Erwerb von Kohlenzechen als Risikoausgleich gedeutet werden kann, ist verschiedentlich hervorgehoben. Sonst ist nichts dergleichen zu finden, wenigstens nicht in dem vorliegenden Material. Man könnte leicht geneigt sein, manche Vorgänge bei Abwälzung des Risikos als hierher gehörig anzusehen, beispielsweise die Verbindung der Rüstungswerke mit Unternehmungen der Elektroindustrie und anderen Fabriken, die für Zwecke der Privatindustrie arbeiten. Das ist nicht angängig, denn das treibende Moment ist hier wie immer die Suche nach Absatz für die vermehrte Stahlproduktion. Gerade bei den Rü-

---

[1]) Times 30. 11. 20. Kartell-Rundschau 1920. Heft 2.

stungswerken tritt dies besonders hervor. Sie hatten die Arbeit für militärische Zwecke einzuschränken und deshalb neue Wege aufzusuchen. Wohl haben sie sich des Risikoausgleiches bedient, doch sind sie anders verfahren als die Amalgamated Industrials und haben dem örtlichen Ausgleich vor dem sachlichen den Vorzug gegeben

Dafür kam natürlich der enge englische Inlandsmarkt nicht in Betracht. Die Werke folgten vielmehr ihren Handelsbeziehungen auf dem Weltmarkt, wie es schon vor dem Kriege geschehen war, als eine Reihe der bekanntesten englischen Werke, Vickers, Armstrongs, auch Cammels, im Auslande Anlagen unterhielten. Die Mehrzahl wandte sich nach den Kolonien, nach Kanada und Australien insbesondere. Die politische Zugehörigkeit der Kolonien zum Mutterlande erleichterte einen solchen Entschluß, den noch andere Umstände begünstigten. Kanada und Australien haben mit größter Energie die Schaffung einer eigenen Industrie begonnen. In Kanada drohte außerdem der amerikanische Einfluß den Werken schädlich zu werden. Aus beiden Gründen war es das Beste, dort Fuß zu fassen, die Gegner abzuwehren und den Aufbau der neuen Industrie möglichst selbst in die Hand zu nehmen oder doch daran beteiligt zu werden. Eigentümlich ist das zeitliche Zusammentreffen dieser Auswanderung. Fast alle Nachrichten darüber sind 1920 veröffentlicht. Demnach hat die damals einsetzende Depression, die heute noch nicht beendet ist, die Ausführung beschleunigt.

Von der British Empire Steel Corp. [1]) war bereits die Rede. Sie sollte den englischen Werken nicht nur die kanadischen Rohstoffe sichern, sondern sie war zu gleicher Zeit als ein Gegengewicht gegen die United States Steel Corp. gedacht, die in Ojibway (Südontario) ein großes Werk angelegt hat. Baldwins Ltd. kauften die British Forgings Ltd., ein Elektrostahlwerk, das von dem Imperial Munitions Board of Canada während des Krieges geschaffen war, um hochwertigen Stahl zu produzieren. Die Aussichten des Elektrostahlverfahrens sind in Kanada als günstig zu betrachten. Jedenfalls sind sie günstiger als die des Mutterlandes. Die reichen Wasserkräfte ermöglichen eine viel billigere Produktion, sodaß im Jahre 1920 der Unterschied in den Schmelzkosten zwischen England und Kanada auf 60 sh. berechnet wurde. Wenn dieses Verhältnis auch sehr änderungsfähig ist, so dürfte für absehbare Zeit doch die Überlegenheit Kanadas bestehen bleiben. Vielleicht hat dieser Umstand bei dem Erwerb durch Baldwins mitgesprochen.

Armstrongs [2]) haben in St. Lawrence in Kanada eine Niederlassung unter dem Namen Armstrong, Whitworth and Co. of

---

[1]) Engineer 9. 1. 20. Economist 19. 1. 21.
[2]) Times 8. 11. 13.

Canada gegründet, die den Plan hegt, hier den Schiffbau, den Kriegsschiffbau, Armstrongs altes Handwerk, aufzunehmen und Kanada in den Stand zu setzen, seine Kriegsschiffe unabhängig von fremder Hilfe herzustellen.

Nach Australien sind John Lysaght Ltd.[1]) und Vickers[2]) gegangen. Lysaghts schlossen eine Vereinbarung mit der Broken Hill Co. ab, die ihnen das Halbzeug für ihre Blechfabrikation in Newcastle, Südwales, liefert. Sie haben sich ferner entschlossen, dort Anlagen zu bauen für die Herstellung von Schwarzblechen und verzinkten Blechen. So hoffen sie es zu erreichen, daß ihnen einer ihrer Hauptmärkte erhalten bleibt. Was Vickers unternommen haben, ist nicht bekannt. Man spricht davon, daß sie sich in Australien niederlassen wollen.

Cammels[3]) gründeten in Indien eine neue Gesellschaft, Cammel, Laird and Co. (India) Ltd. und errichteten Anlagen in Kalkutta. Nach einer neueren Meldung sind sie beteiligt an der United Steel Corp. of Asia. Ob es sich bei letzterer um einen Zusammenschluß bestehender indischer Werke handelt oder um eine Neugründung, ist nicht ersichtlich.

John Brown and Co.[4]) sollen sich nach Spanien und Armstrongs[5]) nach Brasilien gewandt haben.

Vielleicht darf man auch die Beteiligungen englischer Werke an der oberschlesischen Eisenindustrie hierher setzen, über welche noch nichts Näheres verlautbart. Das darf man jedoch wohl mit Sicherheit annehmen, daß sie die Absicht verfolgen, dem französisch-polnischen Vordringen in diesem wichtigen Wirtschafsgebiet einen Damm entgegenzusetzen.

### 2. Die horizontale Konzentrationsbewegung.

Sie steht an Umfang und Bedeutung weit hinter der vertikalen zurück. Die Ursachen dessen sind teils allgemeiner Natur, da ihr nicht ein solches Betätigungsfeld offen steht wie der vertikalen Bewegung, das sich in großer Mannigfaltigkeit über Rohstoffversorgung, Produktion und Absatz erstreckt, teils sind es besondere, die sich aus früher Gesagtem ergeben. Man hat den Eindruck, als ob es sich bei den Zusammenschlüssen in horizontaler Richtung um die Beseitigung seit langem bestehender, scharf ausgeprägter Konkurrenzverhältnisse gehandelt habe. Hin und wieder hat auch der Wunsch mitgesprochen, die zu geringe Größe der Einzelunternehmung durch Vereinigung mit anderen auszubauen, um den durch die bisherige vertikale Konzentration gebildeten Großunter-

---

[1]) Times 30. 10. 19. Engineer 9. 1. 20.
[2]) Engineer 16. 4. 20.
[3]) 16. 4. 1920. Engineer, D. Überseedienst Nr. 3, 1922.
[4]) Engineer 16. 4. 1920.
[5]) Pothmann S. 244.

nehmungen Gleiches entgegenzusetzen und nicht an Bedeutung und Kapitalkraft hinter den ausländischen Werken zurückzustehen.

Sehr viel zahlreicher sind die horizontalen Zusammenschlüsse in den eisenverarbeitenden Industrien, denn hier fallen die Vorteile auf dem Gebiet der Produktion, welche durch die Zusammenarbeit mehrerer Werke zu erzielen sind, ganz besonders ins Gewicht. Da sie aber aus dem Bereich des Themas herausfallen, können sie nicht zum Gegenstand ausführlicher Erörterungen gemacht werden, und es muß genügen, sie mit einigen kurzen Bemerkungen zu streifen. Im großen und ganzen sind es dieselben Erscheinungen, die auch in der eisenschaffenden Industrie die Ursache der Reorganisation wurden und die es jetzt auszumerzen galt, geringe Betriebsgröße und mangelnde Organisation der Unternehmungen. Oder wie es im Unterschied zur deutschen Industrie einmal ausgedrückt worden ist: „The broad fact in the business issue between Britain and Germany is that Britain has been a country of a great number of little hundredthousand pound businesses, so to speak with a tradition of mutual competition, with indeed competition preached as a gospel and Germany has been a country of fewer and cooperating five million businesses and combines". Auf den verschiedensten Gebieten setzt in und nach dem Kriege eine umfassende horizontale Kombinationsbewegung ein, um dies Erbe aus der Vergangenheit zu überwinden, in der Elektroindustrie, im Maschinenbau, im Schiffbau, in der Kleineisenindustrie, die, wo angängig, durch den Anschluß an rohstoffliefernde Unternehmungen ihre Ergänzung fand. Harper Bean Ltd. [1]), The Agricultural and General Engineers Ltd. [2]), The English Electrical Co. [3]), von denen schon die Rede war, gehören hierher und noch so manche andere. Als anschauliches Beispiel mag die Sheffield Steel Products Ltd. [4]) erwähnt werden, in der nicht weniger als 21 verschiedene Werke, größtenteils Unternehmungen der Sheffielder Kleineisenindustrie, vereinigt wurden, um die Massenproduktion leichter Stahlwaren unter scharfer Arbeitsteilung durchzuführen. Eine außerordentliche Entwicklung, wenn man bedenkt, daß gerade die Kleineisenindustrie in Sheffield besonders hartnäckig am Alten festgehalten hat. Bei diesen Gebilden liegt das Hauptgewicht regelmäßig auf seiten der Produktion. Normalisierung und Spezialisierung, das sind so Schlagworte, denen man oft begegnet.

Demgegenüber betonen die Werke der Schwerindustrie, wie gesagt, mehr das wirtschaftliche Moment, die Vorteile auf dem Gebiete des Absatzes. Die Schilderung muß zunächst auf einige

---

[1]) Engineer 26. 3. 20.
[2]) Engineer 13. 8. 20.
[3]) Engineer 10. 1. 19. Times 1. 9. 17.
[4]) Times 8. 4. 20, 2. 11. 20. Economist 9. 4. 21.

Unternehmen zurückgreifen, die bereits bei Besprechung des ersten Teiles Erwähnung fanden.

Als ein horizontaler Zusammenschluß sind die United Steel Cies.[1]) anzusprechen, deren Kern aus der Workington Iron and Steel Co., der Frodingham Iron and Steel Co. und den beiden Sheffielder Firmen Steel, Peach and Tozer Ltd. und Samuel Fox and Co. Ltd. besteht. Wenn bei der Angliederung der beiden ersten Firmen die Sorge um die Rohstoffbeschaffung mitwirkend gewesen ist, so tritt bei den Sheffielder Werken der Wunsch, die Konkurrenz zu mindern und an deren Stelle die vereinigte Stoßkraft beider auf dem Markt zu setzen, deutlich hervor. Sie haben in früherer Zeit scharf miteinander konkurriert, denn beide sind Fabrikanten von Bessemer- und Martinstahl und haben die gleichen Produkte auf den Markt zu bringen, nämlich Straßenbahn- und Eisenbahnmaterial. Der neue Konzern besitzt ferner das gesamte Aktienkapital zweier Qualitätsstahlwerke in Sheffield, der Martino Steel and Metal Co. und der Firma David Doncaster and Sons Ltd.

Eine Verringerung der Konkurrenz ist neben der verbreiterten Rohstoffbasis auch für die Cumberländer Werke die Folge gewesen. Sie haben ihre Stellung so verstärkt, daß die Gefahr der Monopolisierung der dortigen Erzvorräte mehr als jemals in den Bereich der Möglichkeit gerückt ist.

In Wales sind gleichfalls horizontale Zusammenschlüsse zu verzeichnen. Baldwins Ltd.[2]) haben durch den Erwerb der Port Talbot Steel Co. und der Brymbo Gesellschaft ihre Stellung gefestigt und ausgebaut. Sie suchten ihre Interessensphäre noch zu vergrößern durch Verbindung mit Guest, Keen and Nettlefolds. Die zu diesem Zweck geführten Verhandlungen haben sich aber aus unbekannten Gründen zerschlagen. Dafür waren Guest, Keen and Nettlefolds[3]) anderswo erfolgreicher. Sie vereinigten sich mit John Lysaght Ltd. zu einer Interessengemeinschaft. Die Selbständigkeit beider Unternehmungen bleibt unangetastet. Jede übernimmt von der anderen einen Aktienposten und tauscht einige Stellen im Aufsichtsrat aus. Guest, Keen and N. dehnten sich noch weiter aus durch den Erwerb von Bayliss, Jones and Bayliss in Wolverhampton, die wie einige ihrer eigenen Werke alle Arten von Schienenbefestigungen machen und eine Maschinenbauanstalt, sowie eine Gießerei besitzen.

In den Midlands ragt die Interessengemeinschaft von John Summers and Sons Ltd.[4]) mit der Corrugated Iron Co. hervor, die im Jahre 1917 durchgeführt worden ist, „um wirkungsvoller

---

[1]) Engineer 21. 12. 17, 4. 1. 18. ICTR. 22. 6. 17, 14. 12. 17, 7. 9. 17. Times 1. 9. 17. Ryland's Dir. 21. Stock Exch. Of. Yearb. 20.

[2]) Engineer 9. 1. 20. Ryland's Dir. 21. Stock Exch. Of. Yearb. 20.

[3]) Times 10. 1. 20, 27. 8. 20. Stock Exch. Yearb. 20.

[4]) Engineer 26. 1. 17. Stock Exch. Yearb. 20. Ryland's Dir. 21.

den Nachkriegsbedingungen zu begegnen". Durch den späteren Anschluß der Shelton Steel and Iron Co. wollte man sich wohl weniger einen Rohstofflieferanten, als eine Verringerung der Konkurrenz und eine stärkere Stellung im Markt gewinnen, denn die Shelton Co. ist wie die beiden anderen selbst ein sehr leistungsfähiges Walzwerk.

An zweiter Stelle steht das Vorgehen der Stanton Ironworks [1]), die einen Teil der Aktien von James Oakes and Co. erwarben. Dadurch kamen die beiden größten Roheisenproduzenten in den Midlands zusammen. Beide sind außerdem Hersteller gußeiserner Röhren, welche die Stanton Works nach einem neuen Verfahren ganz besonders billig herstellen sollen [2]). James Oakes and Co. kauften im Jahre 1920 die Ridding Works bei Alfreton hinzu, die ebenfalls ihr Roheisen zur Herstellung gußeiserner Röhren verwenden.

Sogar die Spezialisten ihres Gewerbes, einige Puddelwerke in den Midlands, die sich sonst so konservativ gehalten haben, gaben ihre Isolierung auf und schlossen sich zusammen. Die Low Moor Iron Co. und Robert Heath and Sons Ltd. in den Midlands heißen jetzt Heath and Low Moor Ltd. N. Hingley and Sons [4]) Ltd. vereinigten sich zunächst mit den Ketten- und Kabelfabrikanten E. Baylie and Co. Ltd., die außerdem im Eisenhandel tätig sind, und gliederten sich danach John Bradley and Co. an, welche zu den sogenannten Marked Bar Makers gehören, wie auch einige der anderen eben Erwähnten.

### 3. Die Verbindung mit Handel und Transport.

Nur wenig läßt sich über die Verbindung von Werken der Eisenindustrie mit dem Handel und dem Transportwesen sagen. Einer besonderen Erklärung bedarf dies nicht. Die Gründe, welche in der Vergangenheit eine solche Verbindung überflüssig erscheinen ließen, bestehen heute unvermindert fort. Die natürlichen Vorteile der Lage üben eine dauernde, die Rohstoffzufuhr und den Absatz erleichternde Wirkung aus und bedürfen, wenigstens so, wie die Verhältnisse heute liegen, keines künstlichen Ersatzes, den man sich in Deutschland und den Vereinigten Staaten durch Angliederung von Eisenbahnlinien oder Reedereien und Handelsunternehmungen zu verschaffen suchte. Wo daher solche Fälle in England auftauchen, sind sie als Ausnahmen zu bewerten. Aber gerade deswegen verdienen sie eine sorgsame Beachtung.

Das erste Übergreifen der Konzentration auf das Gebiet des Verkehrs ist schon erwähnt worden. Die United Steel Cies. brachten

---

[1]) ICTR. 25. 6. 20. Deutsche Bergwerksztg. 10. 8. 18.
[2]) Deutsche Bergwerksztg. 20. 9. 21.
[3]) Engineer 20. 1. 20. Ryland's Dir. 21. St. Exch. Of. Yearb. 20.
[4]) Ryland's Dir. 21.

die Kontrolle über die Cleator and Workington Junction Railway an sich, um die Erzversorgung der zur Workington Co. gehörigen Moss Bay Werke sicherzustellen [1]). Ähnliches wird von der Consett[2]) Iron Co. berichtet. Da sie den größten Teil der von ihr verhütteten Erze aus Spanien bezieht, hatte sie unter der Frachtraumnot in und nach dem Kriege sehr zu leiden. Um dem ein Ende zu machen, kaufte die Gesellschaft zwei Dampfer und ging mit dem Gedanken um, noch mehr hinzuzuerwerben. Die Nachrichten hierüber stammen aus dem Jahre 1919, also aus einer Zeit, als die Frachten eine abnorme Höhe aufzuweisen hatten. Ob der Plan zur Ausführung gekommen ist, darüber verlautet nichts. Es dürfte aber angesichts der später folgenden Depression auf dem Frachtenmarkt und in der Eisenindustrie recht zweifelhaft sein.

Auch Baldwins [3]) scheinen an einer Eisenbahnlinie interessiert zu sein, denn es ist einmal die Rede davon, daß die ihnen gehörige Oxfordshire Iron and Steel Co. den Bau ihrer Bahnen beendet habe. Vielleicht handelt es sich hier um dieselbe Eisenbahn, die einmal bei Hatch erwähnt wird. Jene Bahn wurde während des Krieges als Normalspurbahn erbaut, um den Erztransport von Oxfordshire zu den Walliser Werken zu erleichtern [1]). Es ist leicht einzusehen, daß der Besitz einer solchen Bahn für Baldwins ganz außerordentlich vorteilhaft wäre.

In einem G. V.-Bericht von Palmers Shipbuilding and Iron Co. [5]) wird unter den Neuerwerbungen die Errichtung einer eigenen Transportgesellschaft gemeldet, der Hebburn Transport Co. Ltd. Da Einzelheiten nicht erwähnt werden, bleibt es ungewiß, was der Verwendungszweck sein wird und wie diese Gesellschaft innerlich beschaffen ist.

Die Amalgamated Industrials, welche als Händler und Reeder auftreten, verfolgen damit andere Zwecke und gehören nicht hierher. Hier ist die Aufnahme des Seetransportgeschäfts in erster Linie als Risikoausgleich gedacht.

Angliederungen von Handelsunternehmungen sind unseres Wissens nur auf wenige Fälle beschränkt geblieben, und von diesen ist der eine recht zweifelhafter Art. Die Roh- und Puddeleisenwerke von N. Hingley and Sons Ltd. [6]), ein Unternehmen in Staffordshire, wurden, wie erwähnt, mit den Ketten- und Kabelfabrikanten E. Baylie and Co. Ltd. vereinigt, die sich zugleich als Eisenhändler betätigen und ein großes Lagerhaus besitzen. Der zweite Fall bezieht sich auf den Erwerb der Aktienmehrheit von L. Gueret

[1]) Times 28. 1. 19.
[2]) Wirtschaftl. Nachrichtendienst 23. 2. 19.
[3]) The Engineer 9. 1. 20.
[4]) Hatch S. 62.
[5]) Times 27. 9. 20.
[6]) Rylands Dir. 21.

and Co. Ltd. durch Guest, Keen and Nettlefolds [1]. Guérets gehören zu den größten Kohlenhändlern in Südwales. Mit ihrer Hilfe hoffen Guest, Keen and N. ihren Kohlenabsatz ausgestalten zu können. Eisenhändler sind auch Redpath, Brown and Co. [2]) Ltd., die seit dem Juni 1922 zum Konzern von Bolckow, Vaughan and Co. Ltd. gehören. Ihre Niederlassungen befinden sich in London, Manchester, Newcastle, Edinburg und Glasgow. Sie sind nicht nur Händler, sondern auch eine bekannte Konstruktionsfirma. Bolckows haben somit eine doppelte Absatzgelegenheit.

Daß die Werke selbst ihre Absatzorganisation ausgebaut haben, ist angesichts des Zwanges zum Absatz einer vermehrten Stahlproduktion und der Notwendigkeit, die Stellung auf dem Weltmarkt zurückzugewinnen, selbstverständlich. Des öfteren scheint auch der Umstand, daß einige Werke über einen großen und festen Kundenkreis in aller Welt verfügten, sowie über Absatzorgane im In- und Auslande, bei dem Entschluß zu ihrer Erwerbung vollste Würdigung erfahren zu haben. So wird in der G. V. von Hickmanns [3]), in welcher über das von Stewards and Lloyds gemachte Tauschangebot verhandelt wurde, auf deren über die ganze Welt verbreitete Organisation hingewiesen.

### 4. Vergleich der Konzentrationsbewegung in der englischen und in der deutschen Eisenindustrie.

Nicht nur das Konkurrenzverhältnis beider Industrien, sondern auch das zeitliche Zusammentreffen der Bewegung in beiden Ländern, das besonders in der Nachkriegszeit hervortritt, gibt den Anlaß, auf die Konzentrationsbewegung in der deutschen Eisenindustrie einzugehen und sie einem kurzen Vergleich zu unterwerfen.

Rein äußerlich betrachtet ist, wenn man von der Technik der Durchführung absieht, eine außerordentliche Ähnlichkeit des Verlaufes festzustellen. Hier wie da suchen sich die Werke in Richtung des Rohstoffbezuges und des Absatzes zu konsolidieren und zugleich die auf dem Gebiet der Produktion erreichbaren Vorteile eines Zusammenschlusses auszunutzen. Horizontales und vertikales Organisationsstreben sind in gleicher Weise zur Durchführung gebracht. Ebenso kann man behaupten, daß in bezug auf Umfang und Intensität der Bewegung keine irgendwie ins Gewicht fallenden Unterschiede vorhanden sind. Sie liegen vielmehr in den Ursachen, welche beide Industrien auf diesen Weg verwiesen haben, und sind deshalb innerlicher Art.

Handelt es sich in England um eine geradlinige Weiterentwicklung auf Grund des Bestehenden, so ist in Deutschland durch den Krieg, genauer durch den Friedensvertrag von Versailles,

---

[1]) Economist 24. 9. 21.
[2]) ICTR. 16. 6. 22.
[3]) Times 13. 8. 20.

ein irrationales Moment in die Entwicklung hineingetragen worden. Durch die Losreißung deutschen Gebietes sind der Eisenindustrie nicht nur große materielle Verluste zugefügt worden, die in der Schmälerung des Erzvorrates auf einen Bruchteil seiner bisherigen Größe und in einer Verringerung der Roheisen- und Stahlerzeugung zum Ausdruck kommen, sondern zugleich hat die Organisation einen schweren Schlag erhalten, der ganz besonders diejenigen Werke trifft, die einst der Anziehungskraft des lothringischen Erzgebietes folgend dort die modernsten und größten Anlagen bauten, die es auf dem europäischen Kontinent gibt. Sie blieben, wie man es des öfteren in treffender Weise genannt hat [1]), als Torso zurück und waren nunmehr vor die Wahl gestellt, entweder das Prinzip der Organisation, dem sie seit Jahrzehnten nachgestrebt hatten, den Ausbau des gemischten Werkes, zu verleugnen — was in den meisten Fällen einen Rückschritt und Konkurrenzunfähigkeit gegenüber anderen besser gestellten bedeutet hätte — oder aber ihren Weg weiter zu verfolgen und sich zu ergänzen und fortzubilden. Ausnahmslos ist das letztere geschehen. Das beste Beispiel bildet die Vereinigung der Deutsch-Luxemburgischen Bergwerks- und Hüttenaktiengesellschaft mit der Gelsenkirchener Bergwerksgesellschaft, die sich nicht nur in ihrem Besitzstande in seltener Weise ergänzen, nachdem ihnen ihr lothringischer Besitz geraubt worden ist, sondern auch den Vorteil örtlichen Beieinanderliegens aufzuweisen haben. Ihnen folgt die Klöckner- und dann die Stummgruppe vor einer Reihe anderer Unternehmungen.

Einen im Unterschiede zur englischen Konzentrationsbewegung ganz besonders ausgeprägten Antrieb zum Zusammenschluß erfährt die deutsche Eisenindustrie weiterhin durch den Zwang zur Rationalisierung der Produktion, den die neuen Verhältnisse ausgelöst haben.

Dieser Zwang wirkt hier viel stärker als in England, wo, wie wir sahen, das Angliederungsstreben in erster Linie in der Zunahme der Produktion während des Krieges und in der Sorge um den Absatz der gesteigerten Stahlerzeugung wurzelt. Von einer solchen kann in Deutschland keine Rede sein. Niemals ist hier wie in England in den Kriegsjahren die Friedensproduktion erreicht, geschweige denn überholt worden. Welche Lücke hat vollends der Friedensvertrag in die Stahlerzeugung mancher Werke gerissen. Der Sinn der deutschen Konzentrationsbewegung ist ein ganz anderer. Er erklärt sich aus den Veränderungen, welche die Wirtschaftslage, welche die deutsche Eisenindustrie durch das Friedensdiktat erfahren hat, und läßt sich am besten bezeichnen als „zielbewußter Übergang von der Quantitätsarbeit zur Qualitätsarbeit“ [2]).

In der Rohstoffversorgung werden die Eisen- und Stahlwerke

---

[1]) Beckmann S. 4.

[2]) Berliner Tagebl. Nr. 369 vom 7. 8. 20, Handelszeitung.

mehr noch, als es in der Vergangenheit der Fall war, zukünftig auf die Verhüttung teuerer ausländischer Erze angewiesen sein. Zum mindesten muß der Ausfall lothringischer Minette in Rheinland-Westfalen, deren Zufuhr sich für das Jahr 1913 auf 3 451 000 [1]) Tonnen belief oder 1,96 % der lothringisch-luxemburgischen Förderung, seinen Ersatz finden. Ebenso sind durch die Abtretung der Erzgebiete die geringen verfügbaren heimischen Vorräte und die aus ihnen geförderten Erzmengen im Preise gestiegen, sodaß bei beiden, den inländischen und ausländischen Rohstoffen, mit einer Verteuerung gerechnet werden muß, die bei ausländischen Sorten um so mehr in Erscheinung tritt, als hier die Valutaverhältnisse eine ausschlaggebende Rolle spielen. Allein aus diesem Grunde ist die Eisenindustrie gezwungen, den Export zu erhalten, um sich die Guthaben zu verschaffen, die ihr den Bezug des wichtigsten Rohmaterials ermöglichen. Dazu kommt die allgemeine Verteuerung der Produktionskosten, welche uns mit dem unglücklichen Ausgang des Krieges beschert worden ist. Auch sie belastet die Konkurrenzfähigkeit der deutschen Eisenerzeugnisse.

Auf dem Gebiete des Absatzes aber sind mannigfache Hindernisse zu überwinden, die nur eine vorübergehende Erleichterung von mehr oder minder langer Dauer durch die Valutaverhältnisse erfahren. Der Stahlwerksverband, einst der mächtigste Faktor auf dem Welteisenmarkt, ist zerschlagen. Viele Märkte sind in die Hand der Feinde gefallen, und allenthalben regen sich Kräfte, die den deutschen Erzeugnissen das Eindringen auf den fremden Märkten verwehren wollen. Ebenso haben die Konkurrenzverhältnisse an Schärfe gewonnen. Fast alle eisenerzeugenden Länder haben ihre Industrien auf eine höhere Stufe gebracht. Die Qualität besonders ist unter dem Druck der Kriegsanforderungen weiterentwickelt und wird heute mehr als je betont. Dadurch werden die deutschen Werke um so ungünstiger im Konkurrenzkampf gestellt, als sie nicht über große Lager hochwertiger Erze verfügen. Der Halbzeugexport, aus dem einst große Gewinne gezogen wurden, ist nicht nur durch den Verlust der Anlagen in Elsaß-Lothringen behindert, sondern er wird auch in Zukunft bei der Verhüttung ausländischer Erze längst nicht mehr in dem früheren Maße rentabel sein. Auf dem Inlandsmarkt aber wird die Armut der deutschen Wirtschaft den Absatz erschweren.

Exportieren muß die Eisenindustrie, nicht nur wegen der schlechten Absatzaussichten auf dem Inlandsmarkt oder, was ebenso wichtig ist, um die teuren Preise für ausländische Rohstoffe anlegen zu können, sondern vor allem deswegen, weil diese Industrie bei ihrer Größe und Leistungsfähigkeit mit in erster Linie dazu berufen ist, den deutschen Erzeugnissen im Auslande einen Weg zu bahnen. Nur durch vermehrten Export kann neben landwirt-

---

[1]) Müßig S. 183.

schaftlicher Intensivierung, die regelmäßig eine außerordentlich lange Zeit bis zum Wirksamwerden in Anspruch nimmt, unser durch Gebietsabtretungen verringerter Nahrungsmittelspielraum erweitert werden und ebenso muß der Export dem Kapitalfonds der Wirtschaft neue Quellen erschließen. Das sind, abgesehen von der Verpflichtung, die Reparationslasten zu tragen, die das Maß des Menschenmöglichen weit hinter sich lassen, in großen Zügen die Gründe, welche unsere Industrie insgesamt und die eisenschaffenden und verarbeitenden Industrien an der Spitze, zur Ausfuhr zwingen.

Nur ein einziges Mittel gibt es, um diese Ziel zu erreichen. Das ist die größtmögliche Steigerung der Leistungsfähigkeit, und zwar so, daß Hand in Hand mit der Produktivität der Arbeit die Rücksicht auf die Qualität des Erzeugten den Gang des Produktionsprozesses bestimmt.

Heute schon besteht wieder die volle Sicherheit dafür, daß das große Gut des deutschen Volkes, seine Arbeitskraft, die nicht nur in der Tätigkeit des Arbeiters, sondern auch in dem Organisationstalent und in den wissenschaftlichen und technischen Leistungen anderer Kreise zum Ausdruck kommt, uns trotz aller Bedrängnisse erhalten geblieben ist. Wie sich die deutsche Industrie vor Jahrzehnten unter den ungünstigsten Verhältnissen und gegen eine weit überlegene Konkurrenz auf dem Weltmarkte mit Hilfe dieser Eigenschaften durchsetzte, so müssen sie auch jetzt wieder, wo in vieler Beziehung die Lage der früheren ähnelt, die Grundlage des Wiederaufbaues bilden. Daher tritt der Gedanke der Rationalisierung der Produktion in der Konzentrationsbewegung der deutschen Eisenindustrie viel mehr hervor als in der englischen, und er muß als die besondere Triebkraft angesehen werden, neben der sowohl die auf Ergänzung des Besitzes gerichteten Zusammenschlüsse als auch die sonstigen Vorteile einer Konzentration, wie sie in England erstrebt wurden, im Hintergrund stehen. Von den zahlreichen Beispielen sei nur auf das größte und bekannteste hingewiesen, die Vereinigung der Rhein-Elbe-Union mit dem Siemens-Schuckert-Konzern.

Eine bedauerliche Lücke in der Darstellung, auf welche schon am Eingang dieses Abschnittes verwiesen wurde, mag hier nochmals erwähnt werden. Die technische Durchführung der Konzentrationsbewegung, das heißt, die mit ihr zusammenhängenden Fragen rechtlicher und finanzieller Natur, konnten keine Berücksichtigungen finden, da das vorhandene Quellenmaterial in dieser Beziehung zu ungenau und zu fragmentarisch ist. Eine solche Untersuchung könnte nur an Ort und Stelle geführt werden und müßte sich in weitgehendem Maße auf die Angaben der Beteiligten stützen, die im allgemeinen und heute mehr denn je einem Bearbeiter nicht zugänglich zu sein pflegen. Erhebliche Unterschiede in der Art und Weise des Zustandekommens der Zusammenschlüsse würden sich, abgesehen von den schon bekannten, die aus der Struktur des englischen Kapitalmarktes hervorgehen, auch kaum herausstellen. Viel eher wird man, wie im Verlauf, so auch in der Form und Finanzierung der Zusammenschlüsse auf eine große Ähnlichkeit stoßen.

## VI. Das Ergebnis.

Zu erörtern bleibt nur noch eins, nämlich die Frage nach dem Ergebnis, welches die Reorganisation für die englische Eisenindustrie gehabt hat. Wir sahen am Schlusse des ersten Teiles, als von dem Ziel der Reorganisation die Rede war, daß alle Bemühungen darauf gerichtet sein mußten, der englischen Eisenindustrie die verlorene Konkurrenzfähigkeit auf dem Weltmarkt zurückzugeben. Es fragt sich nun, ob und inwieweit dieses Ziel — Wiederherstellung der Konkurrenzfähigkeit — erreicht worden ist.

Die Beantwortung der Frage ist schwierig, ja in gewissem Sinne sogar unmöglich. Es fehlt ein genügender Anhalt für eine solche Beurteilung. Daran ist nicht etwa ein Mangel an Material schuld, sondern die Unmöglichkeit ergibt sich logischerweise aus der Gestaltung der Wirtschaftsverhältnisse, die als Folgen des Krieges und des Friedensdiktates von Versailles fast in gleicher Weise auf Siegern und Besiegten lasten. Richtig und natürlich wäre es nämlich, wenn man die Frage der Konkurrenzfähigkeit klarlegen wollte, das Abschneiden der englischen Eisenindustrie auf dem Weltmarkte im Wettbewerb mit anderen Industrien zu verfolgen. Daran ist heute noch nicht zu denken, denn die Verhältnisse auf dem Weltmarkt sind zu uneinheitlich und zu zerrissen. Ferner ist die englische Eisenindustrie seit Kriegsende überhaupt noch nicht in der Lage gewesen, unter annähernd gleichen Bedingungen den Kampf mit den nächsten Gegnern, der deutschen, belgischen und französischen Industrie, aufzunehmen. Die Valutabewegungen sind es besonders, welche immer von neuem das Konkurrenzverhältnis zu ungunsten der englischen Werke verschieben und den Gegnern einen Vorsprung in Produktionskosten und Absatz verschaffen. Ähnlich wirken Hemmungen, die sich aus den inneren Schwierigkeiten des englischen Wirtschaftslebens ergeben — es sei nur auf das Kohlen- und Arbeiterproblem hingewiesen.

Einen anderen Maßstab für den Erfolg der Reorganisation könnte man aus den Dividendenzahlungen der Werke gewinnen, indem man die Ergebnisse der Nachkriegszeit und der letzten Friedensjahre miteinander vergleicht, um auf diese Weise eine Hebung der Rentabilität festzustellen. Aber dem ist ein dreifacher Einwand entgegenzuhalten. Erstens spiegelt sich in den Dividenden, die seit dem Kriege gezahlt wurden, die ungünstige, durch die anormalen Verhältnisse bedingte Wirtschaftslage wieder, welche die Werke nicht zur vollen Ausnützung ihrer Produktivkraft gelangen läßt. Zweitens ist der Wert der Geldeinheiten nicht mehr der gleiche wie in Friedenszeiten, sodaß der Vergleich auch in dieser Beziehung einer sicheren Grundlage entbehren würde. Und drittens ist aus den Dividenden der letzten Jahre keineswegs ersichtlich, ob und in welchem Maße Kriegsgewinne an der Ausschüttung beteiligt sind.

Von diesen beiden Gesichtspunkten aus ist es nicht möglich, schon jetzt zu einem festen endgültigen Urteil über den Erfolg der Reorganisation zu gelangen. Das wird erst dann geschehen können, wenn die Wirtschaft sich soweit konsolidiert hat, daß wie in den Zeiten vor dem Kriege dem Konkurrenzkampf annähernd gleiche Bedingungen zugrunde liegen.

Daher muß man von den Leistungen der Reorganisation selbst ausgehen und so auf mittelbarem Wege einen Schluß auf die zukünftige Konkurrenzfähigkeit der englischen Eisenindustrie zu ziehen suchen. Neben allgemeiner technischer Rückständigkeit lagen die Mängel der Industrie auf dem Gebiete der Organisation, in der Ausbildung des Großbetriebes und der Großunternehmung. Und da kann man ohne weiteres behaupten, daß gegen früher erhebliche Fortschritte gemacht worden sind.

Sowohl die Maßnahmen des Munitionsministeriums als auch die Konzentrationsbewegung haben, jedes in seiner Art, günstige Wirkungen hervorgerufen. Der ungeheure Stahlbedarf im Kriege drängte die Werke zur Massenfabrikation und führte zu einer technischen Rationalisierung des Produktionsprozesses, die dort, wo Neuanlagen entstanden, eine vermehrte Anwendung des Kombinationsbetriebes ermöglichte. Ebenso ist dieser Rationalisierung die Verbesserung der Kokereianlagen zu danken und die Hebung in der Qualität der Erzeugnisse, welche vermittelst des Martin- und Elektroverfahrens erreicht wurde. Eine Ergänzung fanden die Maßnahmen des Ministeriums durch die Konzentrationsbewegung, welche, wie das Zustandekommen vieler Zusammenschlüsse beweist, gleichfalls für die Weiterentwicklung der Massenproduktion und des Kombinationsbetriebes von Bedeutung gewesen ist. Die Fortschritte im Vergleich zur Vorkriegszeit treten also deutlich hervor.

Daß aber die technische Parität mit der festländischen Eisenindustrie, insbesondere der deutschen, trotz alledem nicht vorhanden ist, beweisen die Auslassungen von sachverständiger englischer Seite, die oben angeführt worden sind [1]). Es zeigt sich eben die Tatsache, daß eine moderne Industrie nicht aus dem Boden gestampft werden kann. Das, was der englischen Eisenindustrie fehlt, ist die Kontinuität der wissenschaftlichen Arbeit, deren Ergebnisse in die Praxis umgesetzt den Gang des Produktions-

[1]) Siehe S. 86.

prozesses bestimmen. Die Beseitigung dieses Mangels wird in Zukunft eine der hervorragendsten Aufgaben des englischen Bildungswesens und der industriellen Leitung sein müssen.

Die Ausbildung der Großunternehmung ist in erster Linie auf die Konzentrationsbewegung zurückzuführen. Zweifellos ist die Stellung der Unternehmungen, welche diesen Weg eingeschlagen haben, außerordentlich gefestigt. Die Angliederung der Rohstoffversorgung, die in manchen Fällen, wie zum Beispiel bei Lysaght oder der Ebbw Vale Iron and Steel Co., bis zur völligen Unabhängigkeit führte, wird nicht nur für die einzelnen Werke eine größere Freiheit gegenüber den Marktverhältnissen und eine Verbilligung der Produktion zur Folge haben, sondern sie wird auch der Gesamtheit der Industrie und der englischen Volkswirtschaft im allgemeinen zugute kommen, da durch das Aufsuchen neuer Erzlagerstätten und durch die Verbindung mit ausländischen Erzbesitzern die Rohstoffgrundlage der Eisenindustrie gegen früher erheblich geweitet worden ist. Durch die horizontalen Zusammenschlüsse und durch die Verbindung mit weiterverarbeitenden Industrien haben die Werke eine Minderung des Risikos im Absatz herbeigeführt und eine größere Widerstandskraft im Konkurrenzkampf erlangt.

Etwa bestehende Mängel der Konzentrationsbewegung, ob sie über das Maß des wirtschaftlich Zulässigen hinausgeschossen und zum Selbstzweck geworden ist, oder umgekehrt, ob sie das notwendige Maß nicht erreicht hat, wie man leicht aus dem plötzlichen Abbrechen der Bewegung im Jahre 1920 schließen könnte, lassen sich schwer beurteilen. Darüber wird ebenfalls erst eine Zeit normaler Arbeitstätigkeit Aufschluß geben können. Dann wird es sich auch zeigen, ob die durch die Konzentrationsbewegung gewonnenen wirtschaftlichen Vorteile im Verein mit den günstigen Transportverhältnissen imstande sind, das Bestehen technischer Unzulänglichkeiten auszugleichen.

So, wie die Dinge liegen, kann man das Urteil dahin zusammenfassen, daß das Geleistete als ein außerordentlicher Erfolg anzusehen ist. Aber die Reorganisation, die Wiederherstellung der Konkurrenzfähigkeit, wird erst dann als wirklich voll und ganz gelungen bezeichnet werden können, wenn die technische Parität der englischen Eisenindustrie mit ihren Hauptbewerbern wieder erreicht worden ist. Bis heute ist dies für die große Masse der Werke nicht der Fall. Einzelne Ausnahmen können daran nichts ändern. Deshalb kann man nur das oben Gesagte wiederholen: Die Zukunft wird darüber Aufschluß geben müssen, ob die jetzt errungenen organisatorischen Vorteile nur eine vorübergehende Erleichterung im Wettbewerb bedeuten oder ob sie mit Hilfe wissenschaftlicher und technischer Höchstleistungen der Industrie eine sichere Zukunft bringen werden.

# Verzeichnis der benutzten Literatur.

## A. Deutsche Veröffentlichungen.

a) In Buchform erschienen:


1. Dr. A. Argelander: Die Entwicklung der Eisenpreise in Deutschland, England und den Ver. Staaten während des Krieges. Verlag Stahleisen. Düsseldorf 1919. Abgekürzt: Argelander.
2. Ludwig Beck: Geschichte des Eisens. 5 Bände. Verlag Vieweg u. Sohn. Braunschweig 1903. Abgekürzt: Beck.
3. Gemeinfaßliche Darstellung des Eisenhüttenwesens. Herausgegeben vom Verein Deutscher Eisenhüttenleute. Verlag Stahleisen. Düsseldorf 1921. 11. Aufl. Abgekürzt: Gemeinfaßl. Darstellung.
4. Prof. Friedr. Beckmann: Der Zusammenschluß in der westdeutschen Großindustrie. Kölner Universitätsreden Nr. 5. Verlag O. Müller. Köln 1921. Abgekürzt: Beckmann.
5. Dr. phil. G. Goldstein: Die Entwicklung der deutschen Roheisenindustrie seit 1879. Erschienen in Verhandlungen des Vereins zur Beförderung des Gewerbefleißes. 88. Jahrgang. 1909. Heft III.
6. Prof. J. Gruntzel: Die Industrie. (Erschienen im Handbuch der Politik.) III. Aufl. IV. Band. Seite 257 ff. Verlag W. Rothschild. Berlin-Leipzig 1921. Abgekürzt: Gruntzel.
7. Bernhard Huldermann: Albert Ballin. Verlag G. Stalling. Oldenburg. 1922. IV. Aufl. Abgekürzt: Huldermann.
8. Dr. O. Jeidels: Das Verhältnis der deutschen Großbanken zur Industrie, mit besonderer Berücksichtigung der Eisenindustrie. Duncker u. Humblot. München-Leipzig. 1913. II. Aufl. Abgekürzt: Jeidels.
9. Dr. Hermann Levy: Monopole, Kartelle und Trusts und ihre Beziehungen zur Organisation der kapitalistischen Industrien. Dargestellt an ihrer Entwicklung in Großbritannien. G. Fischer. Jena 1909. Abgekürzt: Levy.
10. Prof. Robert Liefmann: Die Unternehmungsformen mit besonderer Berücksichtigung des Genossenschaftswesens. E. R. Moritz. Stuttgart 1918. Abgekürzt: Liefmann.
11. R. Martin: Die Eisenindustrie im Kampf um den Absatzmarkt. Leipzig 1904. Abgekürzt: Martin.
12. Emil Müßig: Eisen- und Stahlkonjunkturen seit 1870. Th. Lampart. Augsburg 1919. III. erg. u. erweiterte Auflage. Abgekürzt: Müßig.
13. Dr. ing. W. Pothmann: Zur Frage der Eisen- und Manganerzversorgung der deutschen Industrie. Schriften des Instituts für Seeverkehr und Weltwirtschaft an der Universität Kiel. Nr. 31. G. Fischer. Jena 1920. Abgekürzt: Pothmann.

14. Prof. Hermann Schumacher: a) Weltwirtschaftliche Studien. Veit u. Co. Leipzig 1911. Abgekürzt: Schumacher. Weltwirtschaftl. Studien. b) Die westdeutsche Eisenindustrie und die Moselkanalisierung. Vorträge. Duncker u. Humblot. Leipzig 1910. Abgekürzt: Schumacher. Moselkanalisierung. c) Deutsche Volksernährung und Volksernährungspolitik im Kriege. Verl. Heymann. Berlin 1915. Abgekürzt: Schumacher. Deutsche Volksernährung.
15. Dr. Theodor Vogelstein: Organisationsformen der Eisenindustrie in England und Amerika. Verlag Duncker u. Humblot. Leipzig 1910. Abgekürzt: Vogelstein.
16. Karl Wolfgang Freiherr v. Wieser: Der finanzielle Aufbau der englischen Industrie. Herausgegeben von Ernst Herzenberg. G. Fischer. Jena 1919. Abgekürzt: Wieser.
17. Dr. phil. G. Brandl: Die schwedische Eisenerzindustrie und ihre Entwicklung unter besonderer Berücksichtigung der Kriegsverhältnisse und in ihren weltwirtschaftlichen Beziehungen. Berliner Dissertation 1921. Abgekürzt: Brandl.

b) Amtliche Veröffentlichungen.

Das Statistische Jahrbuch für das Deutsche Reich.

c) Zeitschriften:

Stahl und Eisen. Düsseldorf. Annalen für Gewerbe- und Bauwesen. Jahrgang 1877/78. Deutsche Bergwerkszeitung. Essen. Deutscher Überseedienst. Berlin. Auslandsnachrichten der Siemens-Schuckert-Werke. Nachrichten für Industrie und Handel. Berlin. Berliner Tageblatt. Kartell-Rundschau.

## B. Englische Veröffentlichungen.

a) In Buchform erschienen:

1. British industry and the war. Sammlung verschiedener Reden und Aufsätze. Macmillan. London 1914.
2. Harry Huse Campbell: The manufacture and properties of iron and steel. 2nd edition. London-New York 1903. (Amerikanisch.) Abgekürzt: Campbell.
3. George R. Carter: The tendency towards industrial combination. Constable. London 1913. Abgekürzt: Carter.
4. John A. Fairlie: British War Administration. Herausgegeben vom Carnegie Endowment for International Peace. Preliminary economic studies of the war. Oxford University Press, 1919. Abgekürzt: Fairlie.
5. F. H. Hatch: The iron and steel industry of the United Kingdom under war conditions. A record of the work of the iron and steel department of the Ministry of Munitions. Harrison and Sons. London 1919. Abgekürzt: Hatch.
6. Cristopher Hood: Iron and steel. Their production and manufacture. Sir A. Pitman and Sons. London. Abgekürzt: Hood.
7. J. Stephen Jeans: The iron trade of Great Britain. Methuen. London 1906. Abgekürzt: Jeans.
8. H. W. Macrosty: The trust movement in British industry. London 1907. Abgekürzt: Macrosty.
9. Cecil Dampier Whetham: The war and the nation. A study in constructive politics. John Murray. London 1917. Abgekürzt: Whetham.

b) Amtliche Veröffentlichungen.

Report of the Tariff Commission. Vol. I. The iron and steel trades. H. M. Stat. Office 1904. Abgekürzt: Tariff report.

Report of the departmental Committee appointed by the Board of trade to consider the position of the iron and steel trades after the war. H. M. Stat. office 1918. Abgekürzt: After war report.

British industrial experience during the war. Presented by Mr. Hollis. June 29. 17. Referred to the Committee of Printing. Washington. Gev. print. off. 1918. 65 th congress. I. session. Document Nr. 114.

c) Andere Veröffentlichungen:

Berichte der Iron, Steel and Allied Trades Federation.

d) Zeitschriften:

Journal of the Royal Statistical Society. Insbesondere Band 77. S. 517. The sizes of businesses, mainly in the textile industries. By Prof. Chapman and T. S. Ashton.

Journal of Economics. London.

The Times.

The Economist.

The Iron and Coal Trades Review. Abgekürzt: ICTR.

The Engineer. London

The Ironmonger. London.

e) Nachschlagewerke und Adreßbücher:

Ryland's Iron, Steel and Allied Trades Directory. Kelley's Directory. Directory of Directors. London Stock Exchange Official Yearbook. 1920. The Statesman's Yearbook.

f) Nachtrag.

Mines and Quarries.

Sozialwissenschaftliche Forschungen
Herausgegeben von der
Sozialwissenschaftlichen Arbeitsgemeinschaft
Abteilung III, Heft 4

# Die Reorganisation der englischen Eisenindustrie

Von

Dr. Heinrich Niebuhr

Berlin und Leipzig 1923
Walter de Gruyter & Co.
vormals G J. Göschen'sche Verlagshandlung — J. Guttentag, Verlagsbuchhandlung
Georg Reimer — Karl J. Trübner — Veit & Comp.

Die Not der Zeit hat die meisten deutschen Sammlungen von staats- und sozialwissenschaftlichen Abhandlungen zum Erliegen gebracht. Den Fachzeitschriften fehlt der Raum für größere Untersuchungen. In der Erkenntnis, daß nur eine Zusammenfassung der Kräfte Abhilfe schaffen könne, haben deshalb die sozialwissenschaftlichen Forscher Deutschlands die Herausgabe einer gemeinschaftlichen Sammlung beschlossen und eine Arbeitsgemeinschaft begründet, welche die sorgfältige Auslese der zu veröffentlichenden Abhandlungen sicherstellt. In dankenswerter Weise hat der Verlag Walter de Gruyter & Co. auf jeden Gewinn aus den »Sozialwissenschaftlichen Forschungen« verzichtet und leistet die Notgemeinschaft der deutschen Wissenschaft Zuschüsse zu den Herstellungskosten.

Mit wenigen Ausnahmen sind alle Lehrer der Staats- und Sozialwissenschaften an den deutschen Universitäten, landwirtschaftlichen, technischen und Handelshochschulen und eine Anzahl Privatgelehrter der Arbeitsgemeinschaft beigetreten. Sie gliedert sich ebenso wie die »Sozialwissenschaftlichen Forschungen« bis auf weiteres in 5 Abteilungen. Der von den Fachgenossen gewählte Abteilungsvorsteher oder sein Stellvertreter entscheidet über die Annahme der eingereichten Arbeiten und trägt die Verantwortung als Herausgeber Die Abteilungen und ihre Vorsteher sind die folgenden:

I. Allgemeine Nationalökonomie (mit Einschluß des Bevölkerungswesens), Soziologie, allgemeine Sozialpolitik, allgemeine Probleme der Statistik, der Wirtschaftsgeschichte und -geographie.

Professor **Diehl**-Freiburg,
„ **Alfred Weber**-Heidelberg,
„ **v. Zwiedineck-Südenhorst**-München

II. Agrar- und Siedlungswesen (auch Forstwesen, Jagd, Fischerei) mit Einschluß der nationalökonomischen Probleme der landwirtschaftlichen Betriebslehre.

Professor **Sering**-Berlin,
„ **Gerlach**-Königsberg,
Dr. **Keup**-Berlin.

III. Gewerbe (Bergbau, Industrie, Handwerk) mit Einschluß der gewerblichen Sozialpolitik.

Professor **Herkner**-Berlin,
„ **Adolf Weber**-München,
„ **Heyde**-Berlin und Rostock.

IV. Handel und Verkehr, Bank- und Börsenwesen, Versicherungswesen, auswärtige Wirtschaftspolitik.

Professor **Eckert**-Köln,
„ **Prion**-Köln,
„ **Erwin v. Beckerath**-Kiel

V. Finanzwissenschaft.

Professor **v. Eheberg**-Erlangen,
„ **Terhalle**-Hamburg,
Landesfinanzamtspräsident **Dr. Schwarz**-Magdeburg

Berlin und Breslau im Oktober 1922

**Das Präsidium der sozialwissenschaftlichen Arbeitsgemeinschaft**

**Sering. Herkner. Hesse.**

MIX
Papier | Fördert gute Waldnutzung
FSC® C083411

Kolibri 360 GmbH
Ferdinand-Jühlke-Straße 7
99095 Erfurt, Deutschland
produktsicherheit@kolibri360.de